Contemporary
Chinese-English
Annotation & Translation
of
CIVILIAN MOTTOES

《增广贤文》
—当代汉英注译—

李英垣 著

社会科学文献出版社
SOCIAL SCIENCES ACADEMIC PRESS (CHINA)

前　言

作为蒙学读物之一，《增广贤文》流传至今已有数百年的历史。自诞生之日起，《增广贤文》一直滋养着中华文化而为民众喜闻乐见。书中的内容涵盖了民众生活的方方面面，是民众生活诸多感悟与生活哲理的凝练，是华夏文明哲思的提炼与结晶，是中华诸多教育理念、行为准则、处世之道、人生真谛等的集大成者，具有极为丰富的思想内涵和十分突出的启蒙功效，实为优秀中华典籍中的一颗璀璨明珠。《增广贤文》通过汇编前人的论述，既宣扬了真、善、美的人生态度、处世之道，兼具教化与点拨之功，又阐发了人性弱点、人间世事的错综复杂性和难以预料性等，可视为醒世良方。通俗易懂是《增广贤文》的显著特色。只要对其认真探究，就不难发现书中绝大部分句子形式对称、文字隽永、韵味十足、朗朗上口、自然流畅、寓意深邃，高超的语言艺术尽在其中。书中阐发的多数观点与认知对人们世界观的形成具有启迪作用。书中也不乏鼓励人们以处事不惊、深谋远虑、与人为善、灵活多变、细致入微的方式洞察世事，不把问题做简单化处理、追求超凡脱俗境界等理念，给人带来无限的裨益，具有积极的意义。但其中也有少数观点存在偏颇，显得冷酷无情；有些论述前后矛盾，甚或让人产生错觉，需要对它们认真加以甄别。总体而言，书中内容的积极意义远胜于消极意义。《增广贤文》的大多文句源自四书五经、古典诗词、史学名著、佛道经书与民间广为流传的谚语和格言等。相较于《三字经》《弟子规》等蒙学读物，它填补了蒙学领域重知识说教、重行为指导而缺乏说理论证的空白。无论文字形式，还是思想内容，《增广贤文》充满中华文化简约与深邃的特性，启蒙与教化作用突出，具有很高的实用与研究价值。

在过去的几十年中，由于重经济轻文化思潮盛行，中华传统文化遭到冷遇，《增广贤文》也莫能例外，这令人倍感失落。就年轻一代而言，说到《增广贤文》已然十分陌生。要让当下青年人在短时间内熟知、理解与掌握如此优秀的传统文化作品非一日之功。为扭转当下局面，使中华优秀传统文化继续发扬光大，让年轻一代受到中华传统文化更多的熏陶，激发起他们对中国优秀传统文化的挚爱之情，重新对该书做出适切的注译是必要的。

随着中华民族的伟大复兴，中华优秀文化正以前所未有的速度传播到世界的每个角落。常言道，要让他人了解你，你一定得先了解你自己。对《增广贤文》进行注译兼具让他人了解和了解自身的功效。为以汉语作为外语的学习者打开汉语语言知识的一扇窗户，让海外人士感受中华传统文化的魅力，弘扬中华优秀传统文化，对中华典籍进行注译是必不可少的。

在国内，对传统典籍作品进行注译的作品已不在少数，但是结合英语进行注译的作品可谓凤毛麟角。向世界展示我们的国学经典，助推中华文化走向世界，要走的路还很长。用英语注译极具代表性的传统经典《增广贤文》，势必助推中华优秀文化向海外传播。

本书以上海昌文书局印行的《绘图增广贤文》（1946年版）一书为底本进行注译，保留了该版本的绝大部分内容，而对其中一些境界不高、负面消极乃至与当下格格不入的内容做了删减，同时，也从其他版本中吸收了少量思想健康、适应时代之需的内容。对照了近年推出的多个汉语注译版本，注译者发现该书局印行的《绘图增广贤文》以传统的版式加以刊印，除与现代书籍的刊印方式有所不同外，呈献了早期作品的阶段性特征，凝聚的是古代士大夫和平民百姓的情怀与心声，其内容可谓当初思想的物化，它们既来自民间，也适于在民间传播。该版本不失原汁原味，从头至尾未见任何注释，绘图也相对简单，这使对该作品的诠释与注译有了更大的空间。考虑到这些因素，注译者依据上下文语境，利用相关工具书，以现当代汉语为基础，对该书内容做了较为全面的诠释、分析、评价与注译。从生僻的词语到较为生疏的句式，再到复杂疑难的句意，注译做到尽可能详尽。《增广贤文》中所反映的语言风格比较传统，注译者着力改变其固有的表达方式，代之以通俗易懂的现代汉语行文。对其字里行间的深意，多采用释解（interpreting）的方式。释解力图既不忽视明清时期的表达风格，又以现代汉语的行文方式对原本的思想内容进行再现，尽可能做到既不偏离固有意义，又符合时代要求。

《增广贤文》的句子基本都以对偶、对仗形式呈现出来，音韵规整、格律有致、抑扬顿挫、言简意赅、流畅易懂、特色鲜明，每组句子聚焦于一二个话题，语义清晰、功能明确。对《增广贤文》所进行的注译包括言内注译和语际注译两种。语际注译重点关注了两种语言在音、形、义方面的巨大差异。为了使这种差异得以弥合，避免形式上的不可调和性，注译者把关注点置于语言的信息与功能上，多采用变通手段，尽可能使书中内容既显得简单明了，又不至于背离原文的寓意和旨趣；既保持原文意义的完整性，又尽量将译语的行文风格呈现出来。为了使诸如音、形、义等要素在汉英两种语言之间较好地实现对接或转换，注译过程大致如下：以原文的话题为基础，分立出话段，以每个话段为一个单元，首先就单元中的重点字、难懂词、特殊句式进行考察，然后挑选出重要部分，析出关键词语或句式，再配以简易的英文注释，从而保证对原文的注释与翻译进行主次分明的转换，最大限度地实现两种语言在信息和功能上的呼应；原语的句式和句意不能在译语中完全对接的，根据词性或句式的要求做必要的调整，以意译为主，直译为辅。其间的句式、话题析解与翻译建议部分对本话段的句式进行说明，对隐含的实际意义进行解读，并尝试提出翻译建议，最后把汉语话段翻译成现代英语话段。

《增广贤文》集中体现了汉语优美的特点，在传神达意的基础上，突出格律与韵律的工整性，令人赏心悦目。《增广贤文》的文句源自众多经典文本，因此，风格多变自不待言，而且每个话段的思想、主题完全不同，其字里行间蕴含的意义又十分丰富，这些也给注译或翻译造成了困难。为了处理好每个环节，本注译包括五个部分：① 原始话段，根据思想性、语义的相关性与完整性析出；② 词、句注译，对每个话段中的重点词语、句式进行考察后加以选择，然后给出语内、语际的相关注译；③现代汉语译文，把原始话段翻译成现代汉语；④句式、话题析解与翻译建议，主要针对该话段的句式做出明确的说明，分析其意义或寓意所在，提出汉译英的建议；⑤汉英翻译（*Chinese-English version*），将此话段的汉语翻译成英语。

将古汉语译成现代汉语，为满足当代读者的需要去重新组建话段，确实是难点之一。一方面根据注译者的理解，做出必要的引申是完全必要的；另一方面采用汉语权威工具书中的解释，避免误导读者更是必不可少的。当然这种情况属于比较表层的工作。循着注解、分析、诠释与翻译的思路，读者对每个话段的理解就能够比较透彻，领悟其意义也能够比较到位。从上述五个方面着手对《增广贤文》的内容进行注译，是以帮助中国传统文化的爱好者全方位地理解与掌握中华民族的语言与文化，以中华文化的传承与传播为目的的；为提高世人解读与领悟中华民族优秀文化的兴趣，使中华文化在海外得以顺利传播做好铺垫。

将现代汉语翻译成英语，如何遵照英语的建构方式去重组话段，在英语信息结构得以合理建构的前提下，保证汉语的话题信息遵循译语的认知规范，即恰如其分地实现从语义结构到认知模式的建构是汉英翻译过程中译者所遭遇的难题。在语言运用中，无论是语内翻译，还是语际转换，认知问题并不容易做出解释。操不同语言的人在使用语言时反映出对主客观世界的不同看法，即看问题所采取的取向存在差别，而这种差异往往通过语言反映出来。世界上有许多客观存在，但在不同民族的人看来，其出发点、存在方式与表达手段等各不相同，在汉英两种语言之间要实现转换，的确困难重重。如汉语中突出人称，英语中喜用物称；汉语句子中没有主语属正常现象，而英语中主语基本不可或缺；汉语中少用或不用被动语态，英语中被动语态的使用却司空见惯。不符合译语读者的认知表述终究难以为译语读者接受，造成沟通失败就在所难免，本书注译过程中遇到的此类难题难以胜数。为满足译语读者的认知需要，尽量使语言所反映的认知问题在注译中实现有效转换，是此次注译中最为需要排解的问题之一。所幸的是，经过努力这类问题已较为妥善地得到解决。当然，其中的困难是可以想见的。

如前所述，汉英两种语言之间存在着很多的差异，从词句形式到构成话题的上下文语境，再到篇章功能之间都存有较大的差异，这些差异使汉英两种语言之间的转换能够顺应彼此的认知取向实在是一桩难事。在汉语中，句子无主语是常见的现象，例如，"三思而行，再思可矣""惧法朝朝乐，欺公日日忧"，都看不出主语，但显然是对人的行为的描述，其中的主语隐含是十分清楚的，但对于英语读者而言却是令人费解的。要将汉语句子转换成具有形式化特征的英语，我们必须就其形式化的重要特征加以考虑。英语所谓的形式化特征完全可以用"主语 +Verb"的结构作为代表。另外，英语句子中的词性分工尤其明确，词性的不同决定了其在句子中的成分及角色不同，如只有名词、名词性结构、非谓语动词或名词性从句才能担当主语、表语或宾语，其余成分则无法担当句子中这些角色，也只有这样，其篇章组织才有条不紊、俨然有序。如不然，形式即意义就无从成立，此次注译在这方面做了重点考察。而在汉语中，名词、动词、形容词、副词、主谓结构、动宾结构、偏正结构、联合结构、动补结构、主补结构等在主位位置或担当主语的角色却是十分常见。汉英两种语言在行文过程中表现了不同方式，前者更多地注重自身的功能和意义，即如何做到"传神"；后者在建构句子的过程中更多地关注如何显形，很多情况下，"形式决定意义"这一语言事实完全可以得到验证。将汉语翻译成英语，先洞察两种语言的差异，而后着重于汉英词汇的意义及其语法功能的呼应，最后考虑以什么样的形式去应对从形式到意义的相互衔接。

据上所言，严谨、细致地力求实现两种语言功能最大化自然就成了此次注译的重中之重。汉语《增广贤文》绝大部分句子以对偶句的形式出现，整齐划一、音韵铿锵，将其翻译成英语，要完美地在形式和音韵上对接并不容易。针对这一点，变通便成为解决问题的一个关键。在将《增广贤文》翻译成英语时，为实现目标语的形式而牺牲原文结构是此次注译中常有的现象。有鉴于此，在对《增广贤文》进行注译的过程中，描述性方法得到落实，规定性原则已不再适用此次注译。通过释解（interpreting）手段的运用，对原文中所隐含的意义进行深入的挖掘，两种语言的形式和内容难以贯通的问题随之迎刃而解。此外，对消除两种语言之间的文化隔阂，本次注译也做了较为仔细与周详的工作。

本书的注译，这样或那样的错误在所难免，恳请阅读此书的海内外读者、中华典籍翻译爱好者批评指正。

李英垣

2019 年 2 月

目 录
CONTENTS

001 　昔时贤文，诲汝谆谆。

002 　集韵增广，多见多闻。

003 　观今宜鉴古，无古不成今。

004 　知己知彼，将心比心。

005 　酒逢知己饮，诗向会人吟。

006 　相识满天下，知心能几人。

007 　相逢好似初相识，到老终无怨恨心。

008 　近水知鱼性，近山识鸟音。

009 　易涨易退山溪水，易反易覆小人心。

010 　运去金成铁，时来铁似金。

011 　读书须用意，一字值千金。

012 　有意栽花花不发，无心插柳柳成荫。

014 　画龙画虎难画骨，知人知面不知心。

015 　钱财如粪土，仁义值千金。

016 　流水下滩非有意，白云出岫本无心。

017 　当时若不登高望，难信东流海洋深。

018 　路遥知马力，事久见人心。

019 　饶人不是痴汉，痴汉不会饶人。

020 　是亲不是亲，非亲却是亲。

021 　美不美，乡中水；亲不亲，故乡人。

022 　莺花犹怕春光老，岂可教人枉度春？

023	相逢不饮空归去，洞口桃花也笑人。
024	两人一般心，有钱堪买金。一人一般心，有钱难买针。
025	黄金无假，阿魏无真。
026	客来主不顾，应恐是痴人。
027	闹里有钱，静处安身。
028	来如风雨，去似微尘。
029	长江后浪推前浪，世上新人赶旧人。
030	近水楼台先得月，向阳花木早逢春。
031	古人不见今时月，今月曾经照古人。
032	莫道君行早，更有早行人。
033	莫信直中直，须防仁不仁。
034	自恨枝无叶，莫怨太阳偏。
035	一年之计在于春，一日之计在于寅。一家之计在于和，一生之计在于勤。
037	责人之心责己，恕己之心恕人。
038	守口如瓶，防意如城。
039	宁可负我，切莫负人。
040	再三须重事，第一莫欺心。
041	来说是非者，便是是非人。
042	远水难救近火，远亲不如近邻。
043	山中也有千年树，世上难逢百岁人。
044	平生莫作皱眉事，世上应无切齿人。
045	士者国之宝，儒为席上珍。
046	若要断酒法，醒眼看醉人。
047	求人须求大丈夫，济人须济急时无。
048	渴时一滴如甘露，醉后添杯不如无。
049	酒中不语真君子，财上分明大丈夫。
050	出家如初，成佛有余。
051	积金千两，不如明解经书。
052	养子不教如养驴，养女不教如养猪。

053	有田不耕仓廪虚，有书不读子孙愚。
054	同君一席话，胜读十年书。
055	人不通古今，马牛而襟裾。
056	仓廪虚兮岁月乏，子孙愚兮礼义疏。
057	茫茫四海人无数，那个男儿是丈夫？
058	白酒酿成缘好客，黄金散尽为收书。
059	救人一命，胜造七级浮屠。
060	城门失火，殃及池鱼。
061	庭前生瑞草，好事不如无。
062	欲求生富贵，须下死工夫。
063	百年成之不足，一旦败之有余。
064	人心如铁，官法如炉。
065	善化不足，恶化有余。
066	水太清则无鱼，人太紧则无智。
067	是非终日有，不听自然无。
068	宁可正而不足，不可邪而有余。
069	宁可信其有，不可信其无。
070	竹篱茅舍风光好，僧院道房终不如。
071	道院迎仙客，书堂隐相儒。
072	庭栽栖凤竹，池养化龙鱼。
073	结交须胜己，似我不如无。
074	但看三五日，相见不如初。
075	人情似水分高下，世事如云任卷舒。
076	会说说都市，不会说屋里。
077	磨刀恨不利，刀利伤人指。
078	求财恨不多，财多害人己。
079	知足常足，终身不辱；知止常止，终身不耻。
081	有福伤财，无福伤己。
082	差之毫厘，失之千里。
083	若登高必自卑，若涉远必自迩。

084	三思而行，再思可矣。
085	使口不如自走，求人不如求己。
086	小时是兄弟，长大各乡里。
087	妒财莫妒利，怨生莫怨死。
088	人见白头嗔，我见白头喜；多少少年亡，不到白头死。
089	好事不出门，恶事传千里。
090	君子固穷，小人穷斯滥矣。
091	不以我为德，反以我为仇。
092	宁向直中取，不向曲中求。
093	人无远虑，必有近忧。
094	知我者谓我心忧，不知我者谓我何求。
095	晴天不肯去，直待雨淋头。
096	成事莫说，覆水难收。
097	惧法朝朝乐，欺公日日忧。
098	人生一世，草生一春。
099	白发不随老人去，看来又是白头翁。
100	月到十五光明少，人到中年万事休。
101	儿孙自有儿孙福，莫为儿孙作马牛。
102	人生不满百，常怀千岁忧。
103	路逢险处难回避，事到头来不自由。
104	一家养女百家求，一马不行百马忧。
105	有花方酌酒，无月不登楼。
106	深山毕竟藏猛虎，大海终须纳细流。
107	惜花须检点，爱月不梳头。
108	大抵选他肌骨好，不搽红粉也风流。
109	受恩深处宜先退，得意浓时便可休。
110	莫待是非来入耳，从前恩爱便为仇。
111	留得五湖明月在，不愁无处下金钩。
112	休别有鱼处，莫恋浅滩头；去时终须去，再三留不住。
113	父母恩深终有别，夫妻义重也分离。

114　人恶人怕天不怕，人善人欺天不欺。

115　黄河尚有澄清日，岂可人无得运时？

116　得宠思辱，居安思危。

117　念念有如临渊日，心心常似过桥时。

118　英雄行险道，富贵似花枝。

119　人情莫道春光好，只恐秋来有冷时。

120　送君千里，终须一别。

121　但将冷眼观螃蟹，看你横行有几时。

122　善事可作，恶事莫为。

123　许人一物，千金不移。

124　龙生龙子，虎生豹儿。

125　龙游浅水遭虾戏，虎落平阳被犬欺。

126　一举首登龙虎榜，十年身到凤凰池。

127　十载寒窗无人问，一举成名天下知。

128　鸡豚狗彘之畜无失其时，几口之家可以无饥矣。

129　常将有日思无日，莫把无时当有时。

130　时来风送滕王阁，运去雷轰荐福碑。

131　入门休问荣枯事，观看容颜便得知。

132　息却雷霆之怒，罢却虎狼之威。

133　饶人算之本，输人算之机。

134　好言难得，恶语易施。一言既出，驷马难追。

135　道吾好者是吾贼，道吾恶者是吾师。

136　路逢侠客须呈忍，不是才人莫献诗。

137　三人同行，必有我师焉。择其善者而从之，其不善者而改之。

139　少壮不努力，老大徒伤悲。

140　人有善念，天必从之。

141　莫饮卯时酒，昏昏醉到西。

142　莫骂酉时妻，一夜受孤凄。

143　种麻得麻，种豆得豆。

144　天眼恢恢，疏而不漏。

145	见官莫向前，做客莫向后。
146	螳螂捕蝉，岂知黄雀在后。
147	不求金玉重重贵，但愿儿孙个个贤。
148	一日夫妻，百世姻缘。百世修来同船渡，千世修来共枕眠。
149	伤人一语，利如刀割。
150	枯木逢春犹再发，人无两度再少年。
151	未晚先投宿，鸡鸣早看天。
152	将相额头堪走马，公侯肚里好撑船。
153	击石原有火，不击乃无烟。人学始知道，不学亦徒然。
154	莫笑他人老，终须还到我。
155	和得邻里好，犹如拾片宝。
156	但能依本分，终须无烦恼。
157	君子爱财，取之有道。
158	人而无信，不知其可也。
159	一人道好，千人传实。
160	凡事要好，须问三老。
161	若争小可，便失大道。
162	年年防饥，夜夜防盗。
163	好学者如禾如稻，不学者如蒿如草。
164	遇饮酒时须饮酒，得高歌处且高歌。
165	因风吹火，用力不多。
166	不因渔父引，怎得见波涛。
167	无求到处人情好，不饮任他酒价高。
168	强中更有强中手，恶人须用恶人磨。
169	会使不在家豪富，风流不在着衣多。
170	光阴似箭，日月如梭。
171	天时不如地利，地利不如人和。
172	黄金未为贵，安乐值钱多。
173	世上万般皆下品，思量惟有读书高。
174	世间好语书说尽，天下名山僧占多。

175	为善最乐，为恶难逃。
176	羊有跪乳之恩，鸦有反哺之义。
177	你急他不急，人闲心不闲。
178	妻贤夫祸少，子孝父心宽。
179	人生知足何时足，到老偷闲且自闲。
180	但有绿杨堪系马，处处有路通长安。
181	既坠釜甑，反顾何益？已覆之水，收之实难。
183	见者易，学者难。
184	道路各别，养家一般。
185	从俭入奢易，从奢入俭难。
186	知音说与知音听，不是知音莫与谈。
187	点石化为金，人心犹不足。
188	信了肚，卖了屋。
189	谁人不爱子孙贤，谁人不爱千钟粟，奈五行，不是这般题目。
191	莫把真心空计较，儿孙自有儿孙福。
192	但有好事，莫问前程。
193	河狭水急，人急智生。
194	明知山有虎，莫向虎山行。
195	路不行不到，事不为不成；人不劝不善，钟不打不鸣。
197	无钱方断酒，临老始看经。
198	点塔七层，不如暗处一灯。
199	万事劝人休瞒昧，举头三尺有神明。
200	众星朗朗，不如孤月独明。
201	合理可作，小利莫争。
202	牡丹花大空入目，枣花虽微结实成。
203	随分耕锄收地利，他时饱暖谢苍天。
204	得忍且忍，得耐且耐；不忍不耐，小事成大。
205	相论逞英豪，家计渐渐退。
206	一人有庆，兆民咸赖。
207	人老心不老，人穷志不穷。

208	人无千日好，花无百日红。
209	乍富不知新受用，乍贫难改旧家风。
211	座上客常满，杯中酒不空。
212	屋漏更遭连夜雨，行船又遇打头风。
213	笋因落壳方成竹，鱼为奔波始化龙。
214	记得少年骑竹马，看看又是白头翁。
215	天上众星皆拱北，世间无水不朝东。
216	君子安贫，达人知命。
217	忠言逆耳利于行，良药苦口利于病。
218	夫妻相好合，琴瑟与笙簧。
219	善必寿考，恶必早亡。
220	爽口食多偏作病，快心事过恐生殃。
221	富贵定要依本分，贫穷切莫枉思量。
222	画水无风空作浪，绣花虽好不闻香。
224	贪他一斗米，失却半年粮；争他一脚豚，反失一肘羊。
225	龙归晚洞云犹湿，麝过青山草木香。
226	平生只会量人短，何不回头把自量。
227	见善如不及，见恶如探汤。
228	人贫计短，马瘦毛长。
229	自家心里急，他人不知忙。
230	贫无义士将金赠，病有高人说药方。
231	触来莫与竞，事过心头凉。
232	秋至满山多秀色，春来无处不花香。
233	凡人不可貌相，海水不可斗量。
234	清清之水为土所防，济济之士为酒所伤。
235	蒿草之下，或有兰香；茅茨之屋，或有侯王。
236	无限朱门生饿殍，许多白屋出朝郎。
237	千里寄毫毛，寄物不寄失。
238	一世如驹过隙。
239	良田万顷，日食三升；大厦千间，夜眠八尺。

240	千经万卷，孝义为先。
241	富从升合起，贫因不算来。
242	人间私语，天闻若雷；暗室亏心，神目如电。
243	一毫之恶，劝人莫作；一毫之善，与人方便。
244	亏人是祸，饶人是福；天眼恢恢，报应甚速。
246	圣言贤语，神钦鬼伏。
247	人各有心，心各有见。
248	口说不如身逢，耳闻不如目见。
249	养军千日，用在一朝。
250	国清才子贵，家富小儿娇。
251	利刀割体疮犹合，言语伤人恨不消。
253	公道世间唯白发，贵人头上不曾饶。
254	苗从地发，树向枝生。
255	闲时不烧香，急时抱佛脚。
256	幸生太平无事日，恐逢年老不多时。
257	国乱思良将，家贫思贤妻。
258	池塘积水须防旱，田土深耕足养家。
260	根深不怕风摇动，树正何愁月影斜。
261	学在一人之下，用在万人之上。一字为师，终身如父。
263	莫怨自己穷，穷要穷得干净；莫羡他人富，富要富得清高。
264	别人骑马我骑驴，仔细思量我不如。等我回头看，还有挑脚汉。
265	作善鬼神钦，作恶遭天谴。
266	人亲财不亲，财利要分清。
267	十分伶俐使七分，常留三分与儿孙；若要十分都使尽， 远在儿孙近在身。
269	君子乐得做君子，小人枉自做小人。
270	好学者则庶民之子为公卿，不好学者则公卿之子为庶民。
271	但求心无愧，不怕有后灾。
272	惜钱莫教子，护短莫从师。
273	只有和气去迎人，哪有相打得太平？

274　忠厚自有忠厚报，豪强一定受官刑。

275　贫寒休要怨，富贵不须骄。

276　善恶随人作，祸福自己招。

277　奉劝君子，各宜守己；只此呈示，万无一失。

278　后　记

昔时贤文^[1]，诲^[2]汝^[3]谆谆^[4]。

【词、句注译】

[1] 昔时贤文：历朝历代的圣贤们留下的经典章句（the classics left behind by those ancient sages in different dynasties）。

[2] 诲：教育、教诲（to instruct; to impart knowledge to sb.）。

[3] 汝：你（you; one）。

[4] 谆谆：耐心引导，恳切教诲的样子（to teach earnestly and patiently）。

【现代汉语译文】

历朝历代的圣贤们留下的经典章句给人教益无穷。

【句式、话题析解与翻译建议】

从句式上看，此话段为陈述句式，其主谓结构具有完整性，话题由偏正结构"贤文"构成，表达了贤文的性质与功能。翻译成英语，为了明确"贤文"的由来，就由定语从句所修饰的前置词去充当主语，定语从句采用完成时的被动语态形式，"贤文"的由来、与现在的关系及其功能变得一目了然，从而能够满足译语读者理解原语的需要。

Chinese-English Version

The classics which have been left behind by those ancient sages are quite instructive indeed.

集韵增广^[1]，多见多闻。

【词、句注译】

[1] 集韵增广：将有韵律的文句收集到一起，编辑成书，以打开人们的视野（to compile those melodious verses full of massive insights into a collective work is sure to help one broaden his mind）。

【现代汉语译文】

将有韵律的文句收集到一起，编辑成书，以增加人们的见闻和扩大人们的视野。

【句式、话题析解与翻译建议】

原语由对偶句式构成，话题是"集韵"，其中主语具有零形式隐性蛰伏的特征，表达了编写《增广贤文》可预见的作用。翻译成英语，把汉语的两个小句整合成一个陈述句，进而表达其中的逻辑隐含，以符合译语读者的理解需要。

Chinese-English Version

Those melodious verses full of massive insights are collected and compiled into an anthology which is helpful to broadening people's minds.

观今宜鉴古 [1]，无古不成今 [2]。

【词、句注译】

[1] 观今宜鉴古：以史为鉴，我们对当下的现实会看得更加清楚（if he wants to make an exact judgment on the changing situations at present, one shall learn lessons from ancient events）。

[2] 无古不成今：不去效法古人的成就我们怎会有今天这个样子（without imitating our ancients' achievements, how can we make progress today）。

【现代汉语译文】

要看清现实，先人们的经验教训有助于我们清醒地审时度势，因为今天便是古代的延续。

【句式、话题析解与翻译建议】

此话段由对偶句式构成，其中以动宾结构"观今"与偏正结构"无古"为话题，表达了了解过去与今天有着紧密的联系的道理。将其转化成译语，可用原因状语来表达，有效地把原语中隐含的因果关系挖掘出来，以顺应译语读者理解的需要。

Chinese-English Version

Learning lessons from our ancients helps us make an exact judgment on the changing situations at present, since the progress of today is based on the legacy left by our ancestors.

知己知彼 [1]，将心比 [2] 心。

【词、句注译】

[1] 知己知彼：既要知道自己的情况，又要知道对方的情况（to have a good knowledge of oneself and that of his adversary）。

[2] 比：体谅（to treat somebody considerately）。

【现代汉语译文】

既要知道自己的情况，也要知道对方的情况；设身处地替别人着想，用自己的心去体谅别人的心。

【句式、话题析解与翻译建议】

形式上看，这是个对偶句，两个句子的关系是并列的，隐含祈使功能，其中的主语表现为零形式隐性蛰伏的特征，其中隐含的主语是"大家"或"人们"等。表达的是在行事或说话时，在全面了解自己和对方的情况之后才去做、才去说，还要懂得体谅别人的感受。翻译成英语，可根据需要把两个话题糅合为并列句式，也可用条件句式进行转换，以转达其内在的逻辑关联。

Chinese-English Version

One should try to gain a thorough knowledge of oneself and that side of his adversary; one should treat others considerately and feel the way others feel (If he wants to be successful in something or communicating well with others, one should obtain a good knowledge of himself as well as that of others).

酒逢知己 [1] 饮，诗向会人吟 [2]。

【词、句注译】

[1] 知己：相互了解且情谊深切的人（one's bosom friend; one's best friend）。

[2] 吟：吟诵（to chant）。

【现代汉语译文】

每当饮酒的时候，和你相知相识的人一起喝才有乐趣；每当吟诗唱曲的时候，向懂得欣赏诗曲的人吟唱才会产生共鸣。

【句式析解与翻译建议】

从句式上看，此话段为对偶句，名词"酒"和"诗"为本段的话题。句中具有转折或对比隐含，其中的主语具有零形式隐性蛰伏的特征，翻译时需补出隐含主语。此话段表达了美酒的醇厚和诗曲的韵律并不是凑合就可以共享的。翻译成英语，可采用译语的主从复合句式来表达，话题可置于不同的话段中，体现话题之间的逻辑性是关键。

Chinese-English Version

When drinking wine with those who know you well, you are able to taste the mellowness of it.

When chanting a song or reading a poem aloud before those who can share with you the melody of it can you feel the resonance of which the song or the poem consists.

相识 [1] 满天下，知心 [2] 能几人。

【词、句注译】

[1] 相识：认识的人（acquaintances）。

[2] 知心：最了解自己的或自己最了解的人（a person who knows one best or a person whom one knows best）。

【现代汉语译文】

你认识的人可以遍布全世界，但真正了解你并能成为你知己的又有几个人呢?

【句式、话题析解与翻译建议】

此话段由对偶句式所构成，其中的话题由联合结构"相识"与动宾结构"知心"构成，前后句对具有转折隐含，表达了认识是一回事，真正成为知己又是另一回事的道理。翻译成英语，可采用译语的让步或转折的句式去诠释原语内容，以符合目的语读者的期待视野。

Chinese-English Version

Even if you may know all the people under the sun, can you tell me how many of them know you well indeed and how many of them can become your bosom friends?

相逢^[1]好似初相识，到老终无怨恨心^[2]。

相逢[1]好似初相识，到老终无怨恨心[2]。

【词、句注译】

[1] 相逢：相见、相会（first encounter or meeting for the first time）。

[2] 怨恨心：不满或仇恨（enmity; hatred）。

【现代汉语译文】

人与人之间每次的见面要是总像第一次见面那样亲切，这样的关系就会使人一辈子都不产生什么怨恨了。

【句式、话题析解与翻译建议】

这组句子的句式明显是对偶，联合结构"相逢"和动补结构"到老"是本话段的话题。前后两句话有着条件关系隐含，可理解为说者的一种假设，抒发了说者的愿望：人们之间的关系总是像初次相识时那样就好了。翻译成英语，通过主从句式，虚拟语气的使用就可把蕴含的情感转达得淋漓尽致，使译语读者感同身受。

Chinese-English Version

Were every encounter between men to be always as cordial as their first one, then no enmity / hatred among them would occur in their life.

近水 [1] 知鱼性 [2]，近山 [3] 识 [4] 鸟音。

【词、句注译】

[1] 近水：住在水域附近（to live near water; to live nearby water）。

[2] 鱼性：鱼的习性（the habits and characteristics of fishes）。

[3] 近山：生活在山的附近（to live near a mountain or a hill）

[4] 识：熟悉（to be familiar with; to be knowledgeable about/of）。

【现代汉语译文】

身居水边的人能掌握不同鱼的习性；住在山旁的人能熟悉各种鸟叫的声音。

【句式、话题析解与翻译建议】

此话段的句式为对偶。"近水""近山"两者皆为偏正结构，是该话段的话题。然而，这是典型的汉语无主语句式，此处人自然是隐含主语。该话段具有因果关系隐含，反映了获取对某一事物的感性认识的程度，空间维度有着很大的影响。将这样的话段翻译成英语，首先需要考虑隐含着的人的参与，也就是作为其中隐含主语的人是这一动作执行者必须得到体现，否则就不符合常理。就句子结构而言，两句话的关系完全是并列的，用两个并列复句进行表达，就足以把其中的隐含意义转达出来。这样译语读者对原语中的因果隐含就能有所感知了。

Chinese-English Version

Those who live nearby water are knowledgeable of the habits and characteristics of fishes; those who live by mountainside are able to discern the voices of birds.

易涨易退[1]山溪水，易反易覆[2]小人心[3]。

【词、句注译】

[1] 易涨易退：既容易涨也容易退（to rise or fall easily）。

[2] 易反易覆：反复无常（capriciousness; capricious）。

[3] 小人心：卑鄙小人的心态（a base person's state of mind）。

【现代汉语译文】

山间的溪水既容易涨也容易退；小人的心态则是反复无常的。

【句式、话题析解与翻译建议】

此句是对某种事物特性或现象的描写。从句式上看，它们是对偶句式，表达的是一种是非判断。偏正结构"溪水""人心"是此话段的话题，句式中主语被倒置。由此构成的话段采用了比、兴的修辞手法，用甲事物的特性来比喻乙事物的特性，即用溪水的特征比喻小人的心理特征。虽话题不同，但反映了不同事物的共同属性——易变——溪水和人心之间所存在的内在逻辑关联。翻译成英语，可用两个并列的句式加以处置，以便译语读者领悟到前者与后者之间的对比关系隐含。

Chinese-English Version

Water in mountain streams rises and falls abruptly; a base person's state of mind is full of capriciousness.

运去 [1] 金成铁 [2]，时 [3] 来铁似 [4] 金。

【词、句注译】

[1] 运去：运气消失；倒霉（to be out of luck; to have bad luck）。

[2] 金成铁：黄金变成废铁（gold becomes scrap iron）。

[3] 时：时机、时运（chance; luck）。

[4] 似：好像（just like; just as）。

【现代汉语译文】

一个人时运不济之时，手中的金子就像废铜烂铁一样不值钱；一个人时来运转之际，手中的废铜烂铁都会像黄金般珍贵。

【句式、话题析解与翻译建议】

从句式上看，它们是对偶句，"运去"和"时来"均为主谓结构，是此话段中的话题，话题与话题之间的关系十分密切。前后语具有让步或对比关系隐含，时运被拆开来分述。本质上，它们的关系是互为映现的。很多时候，"时"就是"运"，"运"就是"时"。它们是话题的两个侧面而已，时运的好赖往往带来不同的结局。翻译成英语，我们可以用表示转折关系的句式将此话段中的相对关系勾勒出来。此外，将占据主位位置的话题用状语加以处置，使之成为带主从复合句式的译语并列关系结构，从而表现句中的让步或对比隐含，有利于译语读者对原语信息与结构的理解。

Chinese-English Version

One's gold may turn into scrap iron when he is out of luck, but his wastes may change into gold when everything is favorable with him.

读书须 [1] 用意 [2] ，一字值 [3] 千金 [4] 。

【词、句注译】

[1] 须：务必、必须（to be obliged; must）。

[2] 用意：用心、刻苦（to put one's heart into; to work hard at）。

[3] 值：值得（to be worthy of; to be worth with）。

[4] 千金：大量金钱（a lot of money; a large quantity of money）。

【现代汉语译文】

读书必须刻苦用功，因为每个字都非常有价值。

【句式、话题析解与翻译建议】

从句式上看，此话段由对偶句式构成。动宾结构"读书"和偏正结构"一字"是此话段中的两个话题。从表面上可以看出，本对偶句的话题之间有着很好的呼应，其中的因果隐含也显而易见。翻译为英语，我们务必着重考虑其中的因果关联，用表示因果关系的主从复合句式进行转达是完全可取的。

Chinese-English Version

Only when one puts all his heart into his learning can he find every word that he learns full of wisdom and wits, since every word that he learns may be extremely valuable.

有意栽花[1]花不发[2]，无心插柳[3]柳成荫[4]。

【词、句注译】

[1] 有意栽花：花心思种花（to plant flowers intentionally or with a purpose）。

[2] 花不发：花不开放（not to blossom）。

[3] 无心插柳：不经意地插上一根柳枝（to thrust a willow branch into the ground casually or without any purpose or intention）。

[4] 柳成荫：柳树枝叶繁茂（the branches of a willow tree become lush）。

【现代汉语译文】

一心一意去栽花，花未必如愿而开；不经意间插上一根柳枝，柳枝却可能长成根深叶茂的柳树。

【句式、话题析解与翻译建议】

典型的对偶句式构成了此话段，"栽花"与"插柳"为动宾结构，话题便由它们组成。从修辞学的角度分析，说者采用了比、兴的手法，以显化的方式表达了某些抽象的概念，使其不乏生动、浅显与直观，反映了事物发展中的偶然现象。对这种情况的处理，我们得考虑如何将其与目的语读者表达与阅读习惯相衔接。翻译成英语，一方面，宜采用直译和意译相结合的方法，尽量使原语和目的语在表达风格上达成一致；另一方面，把不同的话题置于不同的话段之中，用 however 去承接与前一个话题的联系，从而符合目的语读者的期待视野，即将不同的话题置于两个话段之中。

Chinese-English Version

When you put your heart into growing a flower tree, it may not blossom as you wish.

However, you may casually try thrusting a willow branch into the ground, and it may grow into a willow tree, taking root in the ground and becoming lush in its upper part.

画龙画虎难画骨 [1]，知人知面不知心 [2]。

【词、句注译】

[1] 画龙画虎难画骨：龙和老虎的样子画起来不难，但要画出它们的骨骼就难了（you may feel it easy to draw the appearances of a dragon or a tiger, but you will find it almost impossible to paint their inner skeletons）。

[2] 知人知面不知心：认识一个人的表面很容易，但要了解他的内心便难上加难（you may find it easy to cognize a man's looks, but you will find it much more difficult to know his innermost being）。

【现代汉语译文】

龙和老虎的样子画起来不难，但要画出它们的骨骼就难了；认识一个人的表面很容易，但要了解他的内心便难上加难。

【句式、话题析解与翻译建议】

"画龙画虎"与"知人知面"为动宾词组的联合结构，它们是此话段的话题。就修辞学而言，此话段为对偶句式，说者采用了比、兴手法，通过显化的方式把句中比喻寓意揭示出来。翻译成英语，可用不定式或动名词予以转化，以符合目的语读者的阅读习惯，使汉语的隐喻得以显化。

Chinese-English Version

You may feel it easy to draw the appearances of a dragon or a tiger, but you will find it almost impossible to paint its inner skeletons; you may find it easy to cognize a man's looks, but you will find it much more difficult to know his innermost being.

钱财^[1]如粪土^[2]，仁义^[3]值千金。

【词、句注译】

[1] 钱财：金钱与财产（money and properties）。

[2] 粪土：肮脏东西（dun and dirt）。

[3] 仁义：仁心道义（kindheartedness，morality and justice）。

【现代汉语译文】

钱财犹如粪土般低贱，微不足道。但是仁心道义的价值，恰似黄金。

【句式、话题析解与翻译建议】

本句式中的话题分别为联合结构"钱财"和"仁义"。从修辞学角度看，本组句式为对偶，前后两句处于平行状态。此话段中的话题是拥有具体与抽象特征的两种事物，反映了两种事物不同的价值所在。翻译成英语，可采用表对照或转折的句式进行转换，实现句子结构的对称和语义表达的充分，以满足译语读者的期待视野。

Chinese-English Version

Money and fortune are just like dun and dirt, valueless, while kindheartedness, morality and justice are just like gold, priceless.

流水下滩[1]非有意，白云出岫[2]本无心[3]。

【词、句注译】

[1] 流水下滩：水从滩头上往下流（water runs downwards from a beach-head）。

[2] 白云出岫：白云从山峰间飘出来（a cloud emerges from between the crevices among mountains）。

[3] 本无心：出于自然（in a natural way）。

【现代汉语译文】

流水从滩头泻下来并非有意而为，白云从山峰间飘出也是非常自然的现象。

【句式、话题析解与翻译建议】

句式而言，此话段由对偶句构成。"流水""白云"均为偏正结构，充当话题的角色。说者采用了比、兴手法，通过对具体可感的自然现象的描述，抽象出某种深刻的道理：事物的发展并非以人的意志为转移，要正视这样的现实，顺其自然就好。其主题浅显易懂。翻译时，把原文的小句分别转换为含转折意味的句式后适当进行注解，以便把各小句隐含的目的表达出来，再用平行结构将两个小句进行组合，使译文尽量符合译语表达的要求。

Chinese-English Version

Water runs downwards from a beachhead, but it does so purposelessly; a cloud emerges from between the mountain crevices, but it does so in a natural way.

当时^[1]若不登高望^[2]，难信^[3]东流^[4]海洋深。

【词、句注译】

[1] 当时：那个时候（then; at that time）。

[2] 若不登高望：如果一个人不到高处去眺望远方（if one does not climb up to a higher place to see afar）。

[3] 难信：很难去相信；无法相信（hard to believe）。

[4] 东流：往东逝去的河水（rivers flowing in the direction of the east）。

【现代汉语译文】

如果当初没爬上比较高的地方去远眺，就很难相信向东流去的河水竟汇聚成了深深的海洋。

【句式、话题析解与翻译建议】

此话段是一个对偶句式，这一句式明显具有条件隐含，其中的话题为动补结构"登高"和偏正结构"难信"，具有条件隐含，表达了凡事得亲身经历一番方有所感悟的道理。在汉语中，有时候动作的执行者即使不说出来，读者也能心领神会，这种无主语句式是司空见惯的。但翻译成英语，就需要补出省略的主语，这里的主语是泛指的"人"。由于此话段是一个具有条件隐含的句子，将其翻译成英语时，既需要用到英语的条件句式，还得补出句中的隐含主语"人"，只有这样才能和译语的语法规则达成一致。

Chinese-English Version

If he does not climb up to a higher place to see afar, it is hard for him to know that waters from those eastern rivers join each other to make up constitute deep oceans.

路遥 [1] 知马力 [2]，事久见人心 [3]。

【词、句注译】

[1] 路遥：遥远的路途（a long distance）。

[2] 马力：马的体力（a horse' physical power）。

[3] 事久见人心：事情经历得多了就能明白一个人心地的好坏（experiences help one see through another man）。

【现代汉语译文】

遥远的路途方能测得马的体力大小；事情经历得多了就能明白一个人心地善良与否。

【句式、话题析解与翻译建议】

在这组对偶句式中，"路遥"和"事久"均为主谓结构，在句中担任话题的角色，其中具有条件隐含，表达了时间和空间，有助于人们真正认识事物的本质的道理。不像英语那样，担任主语角色的事物只用纯粹的名词、名词词组或相当于名词或名词词组的成分，汉语另有一套语法系统，其主谓结构可以充当句子主语。句中使用了隐喻，折射了事物发展的必然结局。既然不同的表达有可能反映事物发展的共同特征，那翻译成英语可以采用并列句式予以体现，使原语的信息与功能通过译语结构再现出来。

Chinese-English Version

A distant journey can test the strength of a horse; various experiences help one see through another man.

饶人^[1] 不是痴汉^[2]，痴汉不会饶人。

【词、句注译】

[1] 饶人：宽恕他人（to forgive one; to pardon a man）。
[2] 痴汉：傻瓜（the foolish; a fool）。

【现代汉语译文】

能宽恕他人者不是傻瓜，傻瓜从来不会宽恕他人。

【句式、话题析解与翻译建议】

此话段的句式为对偶，"饶人"与"痴汉"是此话段所包含的两个话题，一个为动宾结构，另外一个为偏正结构。句中具有对比或转折隐含，表达了不同的人具有不同的本质属性的道理。汉语中动宾结构和偏正结构也常常用来充当句子的主语。翻译成英语，可采用表转折或对比的主从复合句式进行转换，形成语义转折或对比的两个句子，从而揭示饶人的意义所在，即饶人不是痴汉能够做出的行为；反过来说，痴汉的本质特性就是不能宽容他人。翻译过程中，根据句子的隐含意义，使用定语从句，既可穷尽句意，还可使句子结构显得紧凑。

Chinese-English Version

Those who forgive others are not foolish whereas those who are foolish never forgive others.

是亲 [1] 不是亲 [2]，非亲 [3] 却是亲 [4]。

【词、句注译】

[1] 是亲：与自己真正有亲戚关系的人（one's real relatives）。

[2] 不是亲：不像亲戚那样亲近（not so close as one's real relatives）。

[3] 非亲：与自己无亲戚关系的人（unreal relatives）。

[4] 却是亲：比亲戚还亲近（better than real relatives could be）。

【现代汉语译文】

有些实际上是亲戚的人却不像亲戚那样亲近，有些虽然没有亲戚关系却比有亲戚关系的人还亲近。

【句式、话题析解与翻译建议】

此话段由对偶句式构成，结构匀称、读来和谐。"是亲"与"非亲"反映了与常理相悖的现象，即有亲戚关系的人有时还不如无亲戚关系的人亲近。在翻译过程中，可用表转折关系的词语将转折或对比关系的信息补出，使两种相悖的现象形成对照；另外，将不同的话题置于不同的话段之中，使叙述显得条理清晰，让目的语读者了然其中的真正含义。

Chinese-English Version

So far as human relationships are concerned, some genuine relatives are not as good as they should be.However, some people who are not one's real relatives are better than those genuine ones could be.

美不美，乡中^[1]水；亲不亲，故乡人。

【词、句注译】

[1] 乡中：家乡（hometown）。

【现代汉语译文】

不论甜美不甜美，家乡的水就是好喝；无论关系是否亲密，故乡的人都让人亲近。

【句式、话题析解与翻译建议】

此话段是一组对偶关系句，其中的话题分别是"乡中水"和"故乡人"，存在着条件关系隐含，其主题为只要是家乡的东西或人总是好的、令人亲近的。翻译成英语，采用主从复合句式把其中隐含的条件关系译出，以适应译语读者的期待视野。

Chinese-English Version

No matter whether it is sweet or not, water in one's hometown is always nice to drink; no matter whether they are relatives or not, town fellows are always intimate to each other.

莺花^[1]犹^[2]怕春光老^[3]，岂可^[4]教人枉度春？

【词、句注译】

[1] 莺花：黄莺和鲜花，比喻美好的春色（orioles and fresh flowers; scenes of spring）。

[2] 犹：还；尚且（also; too）。

[3] 春光老：岁月老去；美好的年华逝去（years going by; merriments disappearing）。

[4] 岂可：怎么能够（how can...）。

【现代汉语译文】

美好的春光都害怕匆匆逝去，怎能让人虚度春光呢？

【句式、话题析解与翻译建议】

此话段由设问句式构成，其中的话题是"莺花"，反映了岁月易逝，不可随意挥霍的主题思想。翻译成英语，可采用陈述句式与反问句式，形式上仿照汉语的句型，在疑问形式上尽量使两种语言保持对应，以利于译语读者的理解。

Chinese-English Version

Since the beauty of spring would hesitate to pass away very quickly, how can we squander our precious and joyful moments unmindfully?

相逢^[1]不饮空归去^[2]，洞口桃花也笑人。

【词、句注译】

[1] 相逢：相聚（to gether; to get together）。

[2] 空归去：不饮酒就归去（to return home without drinking wine）。

【现代汉语译文】

朋友相聚不饮酒，连洞口的桃花也会嘲笑的。

【句式、话题析解与翻译建议】

此话段表面上看由两个并列陈述句式构成，但前后两句却构成了条件隐含关系。其中的话题是"不饮"和"桃花"。前者为连动结构，后者为偏正结构，反映了传统意义上的交友方式、人情世故。翻译成英语，不妨采用译语的主从复合句式，以揭示其中的条件隐含，如此便可加深译语读者对中华传统文化的理解。

Chinese-English Version

When men get together without drinking wine, the peach blossoms at the gateway of a cave will sneer at them for their not knowing the way of the world.

两人一般心 [1]，有钱堪 [2] 买金。
一人一般心，有钱难买针。

【词、句注译】

[1] 一般心：一样的心思，团结一心（to unite as one）。

[2] 堪：能够、胜任（to be competent; to be able to）。

【现代汉语译文】

如果两个人团结一心，那能挣到足够买黄金的钱；如果一人一个心思，那连买根针的钱都难赚来。

【句式、话题析解与翻译建议】

这组句子为对偶句式，具有条件隐含。此话段中的话题分别是由动补结构和动宾结构"团结"与"分心"组成。句中使用了比、兴手法，说出了团结一心能成功的道理。随着话语的递进，两句间的逻辑关联也显现。翻译成英语，可套用译语的条件句型。两个话题可分成两个话段译出，对译语读者的理解想必是大有帮助的。

Chinese-English Version

If two men join their efforts, it is quite easy for them to earn money enough to buy gold.

If one works by himself only, it is too hard for him to make money enough to buy even a needle.

黄金无假，阿魏 [1] 无真。

【词、句注译】

[1] 阿魏：一种药材（a kind of herbal medicine）。

【现代汉语译文】

黄金贵重得不容造假，阿魏这种药材却几乎没有真货。

【句式、话题析解与翻译建议】

此话段为四字格句式，构成了一个对偶句式，其话题为偏正结构"黄金"和"阿魏"，道出了真的假不了，假的真不了的道理。翻译成英语，可用 while 一词把前言后语连接起来，由此形成对比关系，体现两种事物的不同，译语读者对原语所反映的事物就能理解了。

Chinese-English Version

Gold is too dear to be faked, while an herbal medicine called Ah Wei can hardly be genuine.

客来主不顾，应恐^[1]是痴人^[2]。

【词、句注译】

[1] 应恐：恐怕是（to be afraid; may be）。

[2] 痴人：傻瓜（a foolish man; an idiot）。

【现代汉语译文】

客人来了都不懂得招待的主人大概是蠢到不知事理了。

【句式、话题析解与翻译建议】

此话段为陈述句式，其话题为主谓结构"主不顾"和偏正结构"痴人"，其中有着条件关系隐含，道出了礼数不周恐遭人耻笑的道理。翻译成英语，这一话段可整合成一个主从复合句式，即把原语中隐含的各种关系通过定语从句或状语从句等去揭示，以帮助译语读者实现理解最大化。

Chinese-English Version

The host who does not know what to do to treat his guests when they come to see him can be regarded as an idiot.

闹里 [1] 有钱，静处 [2] 安身 [3]。

【词、句注译】

[1] 闹里：热闹繁华的去处（ busy and prosperous areas ）。

[2] 静处：偏僻幽静的地方（ tranquil regions ）。

[3] 安身：谋生、安身立命（ to earn a living; to live a peaceful life ）。

【现代汉语译文】

热闹繁华的去处有钱可赚，偏僻幽静的地方适宜安身。

【句式、话题析解与翻译建议】

此话段由四字格句对构成，是陈述句式，其中的话题是偏正结构"闹里"和"静处"，表达了生活环境的相对性——繁华处易谋生，僻静处易得闲的道理。翻译成英语，可遵循译语的表达习惯，安排事体作为句中的主语，以利于原语与译语在表达方式上和语言功能上实现呼应。

Chinese-English Version

Busy and prosperous streets are the places where you can earn money, and tranquil regions are the places which are fit for you to live a peaceful life.

来如 ^[1] 风雨，去似 ^[2] 微尘。

【词、句注译】

[1] 如：好像、似乎（just as; like）。

[2] 似：好像、似乎（just as; like）

【现代汉语译文】

（世间之事）出现的时候像暴风雨般猛烈，退去的时候像尘埃那样悄无声息。

【句式、话题析解与翻译建议】

此话段由四字格陈述句式构成，话题为联合结构"风雨"和偏正结构"微尘"，体现了主语零形式隐性蛰伏的特征，从句意中就不难看出句子间存在比较隐含，表达了事或人刚出道时需大张声势，退隐时要安安静静的道理。翻译成英语，引入时间状语从句，尽量体现其中的时间性，从而揭示语言背后的意义隐含，减轻译语读者理解上的负担。

Chinese-English Version

When one's life is up, he should step onto the stage like a violent storm; when his life is down, he should retreat quietly just as a grain of dust fades.

长江后浪推前浪，世上新人 [1] 赶旧人 [2]。

【词、句注译】

[1] 新人：新一代人（the later/new generation）。

[2] 赶旧人：超过老一代人（to surpass the old generation）。

【现代汉语译文】

长江的后浪推涌着前浪，世上新一代人赶超老一代人。

【句式、话题析解与翻译建议】

此话段由对偶句式构成，其中的话题由偏正结构"后浪"与"新人"所组成，折射出事物总是处于变化发展之中的道理。翻译成英语，译语采用两个并列陈述句式，有望实现两种语言的功能呼应，满足目的语读者的期待视野。

Chinese-English Version

The hind waves of the Changjiang River push the front ones forward; the later/new generation in the world always surpasses the old one.

近水楼台 [1] 先得月 [2]，
向阳花木 [3] 早逢春 [4]。

【词、句注译】

[1] 近水楼台：靠近水域的亭台楼阁（pavilions nearby water）。

[2] 先得月：可以先看到映现在水中的月亮（to witness the reflection of the moon earlier）。

[3] 向阳花木：向阳的花草植物（the flowers and plants facing the sun）。

[4] 早逢春：较早见到阳光，芽就发得早（to bud earlier because of getting more early sunshine）。

【现代汉语译文】

亭台楼阁因靠近水域可以先看到水中的月亮，向阳的花木植物因受到阳光的眷顾而发芽得早。

【句式、话题析解与翻译建议】

此话段由对偶句构成。其中为联合结构"楼台"和"花木"的话题，表达了世间之事因空间位置或时间先后而有所不同的道理。翻译成英语，由于两个话题只是对现象平铺直叙的陈述而已，可采用译语的平行句式进行翻译，以不至于给译语读者带来不便。

Chinese-English Version

Pavilions nearby water always witness the reflection of the moon earlier; flowers and plants facing the sun bud earlier because they get much more early sunshine.

古人不见今时月 [1]，今月曾经照古人。

【词、句注译】

[1] 今时月：今天的月亮（the moon today）。

【现代汉语译文】

古人看不见今天的月亮，而今天的月亮却曾经照亮过古人。

【句式、话题析解与翻译建议】

此话段的句式为两个并列句，构成对偶句式。偏正结构的"古人"与"今月"是此话段的话题，具有转折或对比关系隐含，揭示了难以更改的事实与带有规律性的现象，折射出了深刻的哲理。翻译成英语，其中的转折关系隐含可通过译语中的顺接连词 but 加以显化，或用非限制性定语从句去表达其中的转折关系，这样译语读者对其中隐含关系的理解就不再是个问题了。

Chinese-English Version

Our ancients could never perceive the moon that we see today, but the moon today actually shone them once.

莫道君行早 [1]，更有早行人 [2]。

【词、句注译】

[1] 莫道君行早：千万别说你是走得最早的人（never say that you are the earliest）。

[2] 更有早行人：还有比你走得更早的人（there is still someone who is always earlier than you are）。

【现代汉语译文】

千万别说你是走得最早的人，还有比你走得更早的人呢。

【句式、话题析解与翻译建议】

这是一个祈使句式，其中以"君行早"和"早行人"为主题，祈使意味或劝诫功能颇为明显，表达了凡事都有出乎意料的可能性。翻译成英语，采用祈使句式、原因状语从句，引入比较关系，进而揭示其中的因果关联，按照译语语言结构去展现其中的意义。

Chinese-English Version

Never say that you are the earliest, because there is still someone who is always earlier than you are.

莫信^[1] 直中直^[2]，须防^[3] 仁不仁^[4]。

【 词、句注译 】

[1] 莫信：不要轻易相信（not to believe easily）。

[2] 直中直：特别正直（especially upright）。

[3] 须防：必须防备（to need to be alert to; to need to be preventive）。

[4] 仁不仁：标榜仁义却根本不仁不义之人（those who boast themselves to be virtuous but are not virtuous at all）。

【 现代汉语译文 】

莫要轻易地相信某个人特别正直，必须防备那些标榜仁义却根本不讲仁义的人。

【 句式、话题析解与翻译建议 】

此话段由对偶句式构成，其中的话题是连动结构 "莫信" 和 "须防"，具有警示隐含，其主语具有零形式隐性蛰伏的特征，表达了不能轻信，须要提防的深刻道理。翻译成英语，可使用祈使句式进行转换，使原语的深刻内涵得以浅化，以利于译语读者理解其中的深刻道理。

Chinese-English Version

Do not believe randomly that in this world there are men who is absolutely upright. Do be alert to those who boast themselves to be virtuous but are not virtuous at all.

自恨 [1] 枝无叶 [2]，莫怨 [3] 太阳偏。

【词、句注译】

[1] 自恨：为自己没有而感到遗憾（to feel regretful for not possessing something）。

[2] 枝无叶：枝丫上没长叶子（twigs on which leaves do not grow）。

[3] 莫怨：不用埋怨（not to complain about）。

【现代汉语译文】

树木可以为自己枝丫上长不出叶子感到遗憾，但不应当抱怨太阳偏心。

【句式、话题析解与翻译建议】

此话段为陈述句式，具有祈使隐含，其主语具有零形式隐性蛰伏的特征，话题为主谓结构"枝无叶"和"太阳偏"，具有隐喻隐含，表示对某种无奈的劝慰。翻译成英语，可补出主语"树"，并采用译语表转折关系的 but 连接前后文，注意把握好前后话题之间的逻辑衔接，不使译语读者产生误解。

Chinese-English Version

A tree might feel regretful for its being unable to let leaves grow on its twigs, but it would be unwise for people to make complaint about the bias of the sun.

一年之计[1]在于春，一日之计在于寅[2]。一家之计在于和[3]，一生之计在于勤[4]。

【词、句注译】

[1] 一年之计：一年的计划（a yearly plan）。

[2] 寅：寅时，凌晨 3 点到 5 点（from 3 o' clock to 5 o' clock in the early morning）。

[3] 和：和睦（harmony）。

[4] 勤：勤奋（diligence）。

【现代汉语译文】

一年的收成在于开春时节所做的计划，一天的收获取决于一大早所做的安排。一家家业的兴旺要靠和睦相处，一个人的成功就得凭勤劳吃苦。

【句式、话题析解与翻译建议】

此话段由排比式对偶句构成，话题分别由偏正结构"一年之计"、"一日之计"、"一家之计"和"一生之计"构成。一个分句一个话题，反复数次，话题得到强化的同时，恰当的比喻使某些生活哲理由此得以阐发，通过隐喻的方法表达了计划对成功的重要性。此话段指出了生活中对一些时间节点的把握至为关键，不可漠视。翻译成英语，对"在于"的表达做些变通，避免重复，话题链才能构建得适切有效。目的语建构要是处于这种情况，译语读者的理解就不再是个问题了。

Chinese-English Version

A plan made in the early spring produces decisive impact on whether or not one harvests in the year.

A plan made in the early morning is a key to whether or not one feels good and relaxed in the day.

Whether or not a family lives comfortably and favorably consists in harmony.

One's success depends upon whether or not he is diligent.

责人之心 [1] 责己，恕己之心 [2] 恕人。

【词、句注译】

[1] 责人之心：责备别人的心理（the state of mind with which one reproaches others）。

[2] 恕己之心：宽恕或原谅自己的心理（the state of mind with which one pardons himself）。

【现代汉语译文】

应当拿责备别人的心来责备自己，拿宽恕自己的心去原谅他人。

【句式、话题析解与翻译建议】

此话段为对偶句式，蕴含祈使功能。动宾结构"责人"和"恕己"为其中的话题，说明了无论责备或宽恕他人最为关键的是设身处地去替他人着想的道理。翻译成英语，必须考虑译语读者的表达习惯，把"责人之心"和"恕己之心"处理为方式状语，将两句话合而为一，使责人和恕己融合，以一个主从复合句的形式进行表达恐更符合译语读者的期待视野。

Chinese-English Version

One should reprove himself just as he reproaches others and forgive others just as he pardons himself.

守口如瓶 [1]，防意如城 [2]。

【词、句注译】

[1] 守口如瓶：不能随便把要紧话说出口，像瓶口要塞紧一样（not to confide to others easily all that one knows, but to keep silent just as a bottle cap remains uncovered）。

[2] 防意如城：防止私欲萌生，就像守城防敌那样（just as people defend a city against the enemy, one keeps alert all the time in order to suppress the occurrence of some personal desire）。

【现代汉语译文】

不能随便把要紧话说出口，而要有像做城市防御那样常备不懈的意识。

【句式、话题析解与翻译建议】

此话段由四字格句对构成，形成了两个话题"守口"和"防意"，前者为动宾结构，后者为偏正结构，具有条件隐含，表达的是要有防范意识，话不可随便说，要像一堵墙那样总是处于防备状态的道理。翻译成英语，可考虑采用条件句式进行转换，揭示出其中的条件隐含关系，从而使译文做到显其情达其意，方便译语读者的理解。

Chinese-English Version

Never confide whatever you know to others randomly, but you should keep alert all the time just as a wall remains protective, getting ready to suppress any personal desire.

宁可 [1] 负我 [2]，切莫 [3] 负人。

【词、句注译】

[1] 宁可：宁愿（would rather）。
[2] 负我：辜负我（let myself down）。
[3] 切莫：绝不能让（never to let）。

【现代汉语译文】

宁愿别人辜负我，也绝不能让自己辜负别人。

【句式、话题析解与翻译建议】

此话段表达的意愿强烈，由四字格结构组成。主语表现出零形式隐性蛰伏的特征，原文中无法看出动作的发出者是谁，但其实指的是说话者自己，其话题为动宾结构"负我"和"负人"，折射的是高风亮节的情怀。将其翻译成英语时，译语中必须补出主语"我"，以改变原语的无主语句式，原语的信息与功能便可得到充分的表达，译语读者理解上的困难自然就被消除了。

Chinese-English Version

I would rather other fail to live up to me than I myself let others down.

再三^[1]须重事，第一莫欺心^[2]。

再三^[1]须重事，第一莫欺心^[2]。

【词、句注译】

[1] 再三：三思（repeatedly）。

[2] 莫欺心：不要违背自己的良心（not to do anything against one's own conscience）。

【现代汉语译文】

凡做事都得在三思之后再采取行动，首要的是不违背自己的良心。

【句式、话题析解与翻译建议】

此话段是陈述句式，表示劝诫，其话题是"重事"，表达了做事得三思，更重要的是凭着良心去做。将其翻译成英语时，具有劝诫意味的原语句子一般可套用译语的祈使句式进行转达，使译语与原语在信息与功能层面达到呼应，以顺应并满足译语读者理解原语的要求。

Chinese-English Version

Think before you leap, and first thing you should never do anything against your own conscience.

来说是非者 [1]，便是是非人 [2]。

【词、句注译】

[1] 来说是非者：在人前搬弄是非的人（one who speaks ill of others）。

[2] 便是是非人：就是无事生非的人（one who is fond of inventing disp-utes and sowing discords）。

【现代汉语译文】

在人前搬弄是非之人便是无事生非之徒。

【句式、话题析解与翻译建议】

此话段由一个陈述句式构成，其中的话题为偏正结构"是非者"，是对"是非人"的界定。翻译成英语，不妨采用译语的主从复合句式去体现原语的信息和功能，使整个句子各成分之间的关系显得紧密，其中的寓意变得了然，从而能满足译语读者理解的需要。

Chinese-English Version

Those who speak ill of others before you are those who are fond of inventing disputes and sowing discords.

远水^[1]难救近火，远亲^[2]不如近邻^[3]。

远水^[1]难救近火，远亲^[2]不如近邻^[3]。

【词、句注译】

[1] 远水：远处的水（far-away water）。

[2] 远亲：居住得远的亲戚（distant relatives）。

[3] 近邻：左邻右舍（neighborhood）。

【现代汉语译文】

远处的水再管用也难以扑灭跟前的大火，远方的亲戚再好也不如近邻那样随时能提供帮助。

【句式、话题析解与翻译建议】

此话段由对偶句式构成，显得对仗工整，其中偏正结构"远水"和"远亲"为本话段的话题，表达了舍近求远不利于解决问题、维系好邻里关系的重要性。翻译成英语，适当补出主语从而构建起符合译语句法的结构，这样既能清楚地表达原语的语义，又能为满足译语读者的需要创造条件。

Chinese-English Version

Far-away water, even if it is available, cannot be used to extinguish the fire nearby.Even though your distant relatives are friendly enough to you，they cannot offer timely help to you as your neighbors do to you in time of emergency.

山中也有千年树，世上难逢^[1]百岁人。

【词、句注译】

[1] 难逢：难于碰（遇）到（it is rare for one to meet with）。

【现代汉语译文】

森林中一定生长着千年以上的树木，世上却很难遇到能活一百岁的老人。

【句式、话题析解与翻译建议】

此话段由对偶句式构成，工整对仗，其中的话题是偏正结构"千年树"和"百岁人"。此句式具有转折隐含，渲染了林中有树活千年，人活百岁却不易的含义。翻译成英语，用具有转折或让步意义的句式结构，将原语的信息与功能转达出来，以便满足译语读者的期待视野。

Chinese-English Version

For sure, there grow thousand-year-old trees in the forest, but in this world we would seldom meet with a hundred-year-old man.

平生^[1]莫作皱眉事^[2]，世上应无切齿^[3]人。

平生^[1]莫作皱眉事^[2]，世上应无切齿^[3]人。

【词、句注译】

[1] 平生：一辈子（in one's life）。

[2] 皱眉事：不应该做的事（something that should not be done）。

[3] 切齿：痛恨（to have a deep hatred for）。

【现代汉语译文】

人一辈子都不做不该做的事，世界上就不会有痛恨自己的人了。

【句式、话题析解与翻译建议】

本话段由一个对偶句式构成，其中的话题由偏正结构"皱眉事"和"切齿人"组成，具有条件隐含，体现了恶事莫做无人恨这样一个主题思想。翻译成英语，不妨采用含条件的主从复合句式来处理，使两个话题之间建立起逻辑关联，让译语读者真切地感受到原语的内涵。

Chinese-English Version

There is nobody who would brood hatred for you in this world if you do not do what you should not do in your life.

士者 [1] 国之宝，儒 [2] 为席上珍 [3]。

【词、句注译】

[1] 士者：读书人（a learned man; a scholar）。

[2] 儒：儒生（a Confucian; Confucians）。

[3] 席上珍：座席上的珍宝（a jewel on a mat）。

【现代汉语译文】

读书人是国家的宝贵财富，儒生就像座席上的珍宝。

【句式、话题析解与翻译建议】

此话段是陈述句对偶结构，其中的话题为名词"士"和"儒"，比喻读书人弥足珍贵。翻译成英语，可采用两个并列句式，尽可能通过译语的语言结构把原语信息与功能充分转达出来，为译语读者理解原语信息和功能提供便利。

Chinese-English Version

The learned men are treasures of a country; Confucianism is just like a jewel on a mat.

若要断酒法 [1]，醒眼 [2] 看醉人 [3]。

【词、句注译】

[1] 断酒法：戒酒的方法（a way to give up drinking）。

[2] 醒眼：清醒（to be sane）。

[3] 醉人：喝醉酒的人（a drunk man）。

【现代汉语译文】

如果想找到戒酒的方法，只需清醒地看醉酒之人的神态即可。

【句式、话题析解与翻译建议】

此话段是一个对偶句，其中的话题是偏正结构"醒眼"。"若"引导的条件句式，表达了做成事有条件的道理。翻译成英语，要把其中的条件隐含揭示出来。译语可采用含条件的主从复合句式使原语语言的信息与功能得以转换，为译语读者对原语信息与功能的充分理解奠定基础。

Chinese-English Version

If he would like to find a way to abandon alcohol, one should have a look at a drunk's manners when he is still not insane.

求人须求大丈夫[1]，济人[2]须济急时无[3]。

【词、句注译】

[1] 大丈夫：真正的男子汉（those who are manly enough）。

[2] 济人：帮助他人（help others）。

[3] 急时无：急需帮助的人（those who are urgently needy）。

【现代汉语译文】

求他人帮忙之时，就去找真正的男子汉；助人一臂之际，就给急需帮助的人施予援手。

【句式、话题析解与翻译建议】

此话段由对偶句式构成，对仗工整，其中的话题为动宾结构"求人"和"济人"，表达了无论是求人还是帮人，对象不能搞错的道理。翻译成英语，有必要运用译语的主从复合句式去转达原语的信息与功能。同时，把话题置于不同的话段之中，保持译语结构的清晰，那样译语读者的期待视野便能得到满足。

Chinese-English Version

When asking for help from others, you should ask those who are manly enough.

When lending a hand to others, you should lend your hand to those who are urgently in need.

渴时一滴如甘露^[1]，醉后添杯^[2]不如无^[3]。

渴时一滴如甘露^[1]，醉后添杯^[2]不如无^[3]。

【词、句注译】

[1] 渴时一滴如甘露：口渴的时候一滴水也如同甘露一般甜美（when one is thirsty, a drop of water to him is just like a drop of dew）。

[2] 醉后添杯：醉酒之后还让人继续喝（when drunk, one more cup is added）。

[3] 不如无：不如没有（worse than none）。

【现代汉语译文】

口渴的时候一滴水也如同甘露一般甜美；醉酒之后继续喝下去真的不如不喝为好。

【句式、话题析解与翻译建议】

此话段为陈述句，构成了对偶句式，其中的话题是动补结构"渴时"与"醉后"，表达了不同境况导致不同结果的道理。翻译成英语，采用译语的主从复合句式把原语的信息与功能表达清楚，并把两个话题置于两个话段之中，保持结构上的清晰，这样方可满足译语读者的期待视野。

Chinese-English Version

When one is thirsty, a drop of water to him, you may feel, is just like a drop of dew to him.

When one is drunk, one more cup to him is worse than none.

酒中不语[1]真君子[2]，财上分明[3]大丈夫[4]。

【词、句注译】

[1] 酒中不语：喝酒时不乱说话（when drinking without abracadabra）。

[2] 真君子：真正意义上的正人君子（a manly man）。

[3] 财上分明：在钱财上分得清楚的人（to be clear about the demarcation in monetary system）。

[4] 大丈夫：真正的男子汉（a man with noble character）。

【现代汉语译文】

真正的正人君子喝酒绝不胡言乱语；真正的男子汉大丈夫在钱财上绝不会有半点含糊。

【句式、话题析解与翻译建议】

此话段由对偶句式构成，其中两个偏正结构"君子"与"丈夫"作为话题，这样貌似简单的句式其实意味颇为深刻，具有条件隐含，表达了一个人要堪为大用必须具备某种特点的道理。翻译成英语，完全有必要将其中的隐含信息转达出来，用译语的条件句式转达原语的信息和功能不失为一种解决之道，于译语读者而言颇能受益。

Chinese-English Version

One is genuinely a man with noble character when he drinks without abracadabra; one is a manly man if he has a clear mind about the demarcation in the monetary system.

出家 [1] 如初 [2]，成佛 [3] 有余 [4]。

【词、句注译】

[1] 出家：离开家庭到庙宇里去做僧尼或道士（to leave home for a temple or monastery to be a monk）。

[2] 如初：保持刚出家时的虔诚心态（to cling to the attitude when one leaves home for a temple or a monastery）。

[3] 成佛：成为修行圆满的人（to be sure to become a Buddha）。

[4] 有余：绰绰有余（sufficient; adequate）。

【现代汉语译文】

出家人能保持刚出家时的虔诚心态，就肯定能成为修行圆满的人。

【句式、话题析解与翻译建议】

此话段由陈述句式构成。其话题为动宾结构"出家"与"成佛"，具有条件隐含，其中的主题是一个人只要保持初心不变，自己的人生梦想必定成真。翻译成英语，可考虑采用英语的不定式、动名词或现在分词结构进行表达，以尽量符合译语读者的阅读或思考习惯。

Chinese-English Version

If he continues to adhere to his pious state of mind just as he did when he just left home for a temple to be a monk, then one will certainly become a successful man of practice.

积金千两 [1]，不如明解 [2] 经书 [3]。

【词、句注译】

[1] 积金千两：把千两黄金储存起来（to save gold of thousands of liang）。

[2] 明解：熟悉；明了（to be familiar with; to command a good knowledge of）。

[3] 经书：儒家经典著作或书籍（Confucius classic works）。

【现代汉语译文】

把千两黄金储存起来，还不如明了儒家经典著作或书籍。

【句式、话题析解与翻译建议】

此话段由陈述句式构成，"积金"是此话段的话题，句中的比较隐含明显，其寓意是积攒黄金真还不如熟练掌握儒家经典，黄金毕竟是身外之物。翻译成英语，用译语的比较句式将原语的信息与功能表达出来，把对比隐含翻译出来能使译语读者对原语形式和语义蕴涵了解得更为透彻。

Chinese-English Version

Saving up hundreds of thousands of pieces of gold is not so good as grasping Confucius classics or books thoroughly.

养子不教[1] 如养驴，养女不教如养猪。

【词、句注译】

[1] 养子不教：养儿子不去教育他（to rear one's sons without educating them）。

【现代汉语译文】

养儿子不去教育他，和养驴没有什么区别；养女儿不教育她，和养猪没有什么两样。

【句式、话题析解与翻译建议】

此话段是由陈述句式构成，形成对偶关系。话题由动宾结构"养子"和"养女"组成，其中的比较隐含不言自明，寓意是对后代不仅要养，更重要的还在于育。翻译成英语，运用两个含有比较关系的陈述句式便可清楚地表达出汉语的语义蕴涵，以满足译语读者的期待视野。

Chinese-English Version

Bringing up sons without educating them is not different than breeding donkeys; rearing daughters without educating them is just like raising pigs.

有田不耕仓廪虚^[1]，有书不读子孙愚^[2]。

【词、句注译】

[1] 仓廪虚：粮仓变得空虚（the barn is to become empty）。

[2] 子孙愚：儿孙变得愚钝（one's descendants become stupid or blunt）。

【现代汉语译文】

有了田地不去耕种，粮仓再满也会变空；有了书籍不去读它，子孙必定愚笨。

【句式、话题析解与翻译建议】

此话段由陈述句式构成了对偶，主谓结构"仓廪虚""子孙愚"是该话段的话题，具有条件关系隐含，阐明的是仓廪空虚和子孙愚笨是"有田不耕"和"有书不读"的结果。翻译成英语，用含条件的主从复合句式把原语的语言信息与功能加以转换即可，这样译语读者在理解原语信息与功能时问题就不会太大。

Chinese-English Version

When he is in possession of a piece of land without toiling it, one's barn is to become empty for certain.

When he owns a lot of books without asking his descendants to read them, one's descendants are to become stupid or blunt for sure.

同君 [1] 一席话 [2]，胜读十年书 [3]。

【词、句注译】

[1] 君：有学问之人（a learned man）。

[2] 一席话：一次谈话；一次交谈（a talk; a chat）。

[3] 胜读十年书：比读十年的书得益要多（to get more than doing reading for ten years）。

【现代汉语译文】

同有学问的人交谈一次，比读上十年书的收获还要大。

【句式、话题析解与翻译建议】

此话段由陈述句式构成，偏正结构"一席话"是本话段的话题，具有条件隐含。话段强调了与有学问之人交谈的收获，尽管有一定的夸张成分，却说明了与有学问的人进行一番交谈能受益匪浅的道理。翻译成英语，恐怕要在译语的非谓语动词上做文章。通过译语结构的有效表达，原语的信息与功能得以反映出来：其一，译语中选择动名词结构充当主语和宾语；其二，除条件形式的使用之外，选用适当表程度的副词转达动作的蕴涵，以期满足译语读者的期待视野。

Chinese-English Version

Having a chat with a learned man is much better than having done readings for ten years.

人不通古今^[1]，马牛而襟裾^[2]。

【词、句注译】

[1] 通古今：懂得古代和当今（to have a thorough understanding of the past and the present）。

[2] 马牛而襟裾：像马牛穿上人的衣服一样，用来形容人不知道历史，与穿衣服的牛马相比也就没有什么两样（not different from the ox and horse wearing clothes）。

【现代汉语译文】

一个人不能博古通今，与穿衣服的牛马没有什么两样。

【句式、话题析解与翻译建议】

此话段是一个陈述句式，具有隐喻和条件隐含，其中的话题是"不通古今"，说明人若不通古今，那是非常可笑的道理。既然是对事情的描述，那不妨采用译语的条件句结构将原语条件隐含的信息与功能表达出来，以满足译语读者的理解需要。

Chinese-English Version

If he does not have acquired knowledge of the past and the present, one is no different than an ox or horse wearing clothes.

仓廪虚兮岁月乏 [1]，子孙愚兮礼义 [2] 疏 [3]。

【词、句注译】

[1] 岁月乏：生活没保障（one's normal living cannot be assured）。

[2] 礼义：礼法，道义（the rules of propriety; moral principles）。

[3] 疏：不讲或疏远（never to pay heed to; to estrange）。

【现代汉语译文】

粮仓空虚生活就没有保障，子孙愚笨就会不讲礼义。

【句式、话题析解与翻译建议】

此话段为对偶句式，结构对称。"仓廪虚"和"子孙愚"为此话段的话题。其中的因果隐含明显，即借岁月指代生活。翻译成英语，必须注重因果隐含的表达，采用表因果关系的句式，使译语和原语的结构、信息和功能实现全方位的对接。

Chinese-English Version

With his barn being empty, one's normal living cannot be guaranteed.

With their ignorance of the moral principles, one's descendants are surely stupid.

茫茫四海人无数 [1]，那个男儿是丈夫 [2]？

【词、句注译】

[1] 茫茫四海人无数：普天之下，人不知有多少呢（under the sun there are countless people）。

[2] 丈夫：男子汉（a manly man）。

【现代汉语译文】

大千世界里，人的数量不知有多少呢，那么谁是真正的男子汉呢？

【句式、话题析解与翻译建议】

此话段是陈述句构成的对偶句式，由偏正结构"四海"与"男儿"这两个话题引出，表达了什么样的人才是大丈夫的疑惑。翻译成英语，由 but 这一顺接连词把前后两句连接起来，可以把其中的转折隐含表达出来，这样在保持原语的疑问结构的同时，也有助于译语读者对此话段中的转折关系隐含的准确解读。

Chinese-English Version

There are countless people under the sun, but how many of them are genuinely masculine?

白酒酿成缘^[1]好客，黄金散尽^[2]为收书^[3]。

【词、句注译】

[1] 缘：因为，由于（owing to; reason for）。

[2] 黄金散尽：花光所有的金钱（to spend all the money; squander）。

[3] 为收书：为了多买书籍（for the purpose of collecting precious books）。

【现代汉语译文】

酿造白酒无非是要招待好客人，花掉金钱无非是为了多买些书。

【句式、话题析解与翻译建议】

此话段是陈述句，构成对偶句式，其中的话题为偏正结构"白酒""黄金"，具有因果关系和目的隐含，表达了酿酒和花钱的具体目的。翻译成英语，译语可将主从复合句和简单句并举，构建两个并列句，简化原文结构，从而保证句意流畅，使译语读者透过简单流畅的结构就能领会贯通原语的深层含义。

Chinese-English Version

The reason for brewing alcohol is that we have the passion and hospitability to treat guests; spending all the money is for the purpose of collecting precious books.

救人一命，胜造七级浮屠 [1]。

【词、句注译】

[1] 胜造七级浮屠：要好过建造七层的佛塔（better than building a seven- storied Buddhist tower）。

【现代汉语译文】

救人命一条，要好过建造七层的佛塔。

【句式、话题析解与翻译建议】

这是一个简单的陈述句式，其中的话题为动宾结构"救命"，处于主位位置的信息与紧跟其后的评论信息形成呼应，其中的比较隐含也是可感的，表达了救人比造塔更有意义的道理。翻译成英语，用译语含比较关系的陈述句式将原语的隐含信息与功能表达出来，有利于译语读者理解该句丰富的人生哲理，与译语读者在理解上达到共鸣。

Chinese-English Version

Saving a man's life is better than building a seven-storied Buddhist tower .

城门失火，殃及池鱼 [1]。

【词、句注译】

[1] 城门失火，殃及池鱼：城门上发生火灾，池塘里的鱼都会不得安生（when a fire occurs to the city gate, the fish in front of its pond are disturbed）。

【现代汉语译文】

城门上发生火灾，池塘里的鱼也难以幸免。

【句式、话题析解与翻译建议】

此话段一看就是个简单陈述句，构成对偶句式。偏正结构"城门"与"池鱼"是其中的话题，具有因果隐含，主位与述位上的信息形成照应，事物之间存在着的某种逻辑关联得以凸显，尽管表面上看"城门"与"池鱼"联系并不紧密。翻译成英语，要尽量使原语的因果关联凸显出来，用译语的形式结构将原语的信息与功能转达出来，使译语读者明白其中的逻辑关联。

Chinese-English Version

When a fire occurs to the city gate, the fish in front of its pond are disturbed.

庭前生瑞草^[1]，好事不如无^[2]。

【词、句注译】

[1] 瑞草：茂盛的野草（luxuriant grass）。

[2] 好事不如无：这样的光景还不如不要（to prefer not to have such an eye-catching view）。

【现代汉语译文】

院子前面长满了茂盛的野草，这样的光景宁愿不要。

【句式、话题析解与翻译建议】

此话段是简单的陈述句，构成了对偶句式，偏正结构"瑞草"和"好事"为其中的话题，两者之间似乎不应为相互矛盾的事物，但事实却刚好相反，这里"瑞草"象征的并不是讨人喜欢的事物，而是某种萧瑟，并不为人所乐见。翻译成英语，需把相反的意义隐含表达出来，必须用译语的语言结构将原语的信息与功能进行再现，而不是纠缠于原语的字面意义，只有这样，译语的接受度才能够提高。

Chinese-English Version

We will prefer not to have such an eye-catching view as luxuriant grass growing in the front of a courtyard.

欲求 [1] 生富贵 [2]，须下死 [3] 工夫。

【词、句注译】

[1] 欲求：想要（to wish; to expect）。

[2] 生富贵：得到荣耀与发财（to enjoy glory and wealth when born）。

[3] 死：最大力气（to make one's greatest efforts）。

【现代汉语译文】

一个人想要得到荣华富贵，必须下苦功夫努力拼搏。

【句式、话题析解与翻译建议】

此话段为陈述性对偶句式，其话题为联合结构"富贵"与"工夫"。这一对偶句式的条件隐含是明显的。该话段阐明了"富贵"与"工夫"的逻辑关联。翻译成英语，可采用含条件句的主从复合句式加以处理，合理建构起两个话题之间的逻辑关联，让译语读者准确地把握原语的语义。

Chinese-English Version

If he wishes to enjoy glory and wealth, one has to make his greatest efforts.

百年 [1] 成之不足 [2]，一旦 [3] 败之有余 [4]。

【词、句注译】

[1] 百年：很长时间（a long time; many many years）。

[2] 成之不足：未必成全一桩事业（not necessarily able to accomplish a cause）。

[3] 一旦：一天之间，很快地（in a very short time; instantly）。

[4] 败之有余：毁掉它绰绰有余（to destroy something completely）。

【现代汉语译文】

一个人即使花上百年工夫也未必能成全一桩事业。如果想要毁掉它，却不需一日之功，轻而易举。

【句式、话题析解与翻译建议】

从前后文判断，这是一个对偶句式，句中的话题为偏正结构"百年"和"一旦"所构成，具有让步或对比隐含，表达了成全事业的艰辛与维护事业的不易的道理。翻译成英语，先补出隐性主语，然后采用译语具有让步或对比隐含的主从复合句式予以处理，用译语语言形式结构把原语的信息与功能淋漓尽致地展现出来，这样方能满足译语读者理解的需要。

Chinese-English Version

It is possible for you not to be able to arrive at a cause with its goal being never achieved even if you spend one hundred years on it, whereas you can destroy it within an instant if you would like to.

人心如铁 [1]，官法如炉 [2]。

【词、句注译】

[1] 人心如铁：人的心就好比一块铁（a man's heart is just like a piece of iron）。

[2] 官法如炉：国家的法律则像冶铁的熔炉（the law is just like a blast furnace）。

【现代汉语译文】

人的心像铁一样，国家的法律则像能熔化铁的炉子一样。

【句式、话题析解与翻译建议】

此话段的句式为四字格对偶句，话题由偏正结构"人心"和"官法"构成，具有对比隐含。说者选择了比、兴的修辞手段，表达了事物之间相互制约的关系，使拍象意义具体可感，形象贴切，表达了法律威严、不容改变的道理。将其翻译成英语时，句式的拓展是必要的，译语可采用具有条件隐含的主从复合句式，将原语中的隐含信息与功能有效地转达出来，这样译语读者的期待视野随之得到满足。

Chinese-English Version

A man's heart is just like a piece of iron while the law is like a blast furnace which smelts metal.

善化不足 [1]，恶化有余 [2]。

【词、句注译】

[1] 善化不足：善良的意志不够坚毅（if kindheartedness is not firm and persistent）。

[2] 恶化有余：恶性（念）对一个人的影响就变本加厉（the impact that wickedness produces on one goes much further）。

【现代汉语译文】

如果一个人的善念不够坚毅，那么恶对他的侵蚀就会变本加厉。

【句式、话题析解与翻译建议】

此话段的句式为四字格对偶句，由"善化"和"恶化"构成话题，具有条件隐含，说明"善化"和"恶化"相互对立，必执一端，如果善不敌恶，那么恶必定敌过善的道理。将其翻译成英语时，译语不妨采用有条件隐含的句式予以转换，用译语的形式结构将原语的信息与功能展现出来，这样译语读者的接受度自然比较好。

Chinese-English Version

When kindheartedness is not powerful or steady enough, then wickedness will certainly produce impact on one to the worst.

水太清[1] 则无鱼，人太紧[2] 则无智[3]。

【词、句注译】

[1] 水太清：水过分清澈（too limpid water）。

[2] 人太紧：人过于着急（too hasty; too hurried）。

[3] 无智：无知（lacking wisdom）。

【现代汉语译文】

水过分清澈就不会有鱼生长，人过于着急就会显得缺乏才智。

【句式、话题析解与翻译建议】

就句式而言，此话段由简单的对偶句式构成，其中的话题有主谓结构"水太清"和"人太紧"。该句式中有条件隐含，隐含了凡事呈极端并不可取的类比，说明了做事仓促是缺乏思考和头脑的表现。将其翻译成英语时，译语不妨采用真实条件句式将原语的条件隐含信息和功能转换出来，使原语的意思得到恰如其分的表达，译语读者的期待视野也由此得以满足。

Chinese-English Version

No fish lives in a stream if its water is too limpid; one is unintelligent if he is too hasty.

是非 [1] 终日有 [2]，不听自然无。

【词、句注译】

[1] 是非：是非纷争（rights and wrongs）。

[2] 终日有：整天不断（constantly; continuously）。

【现代汉语译文】

是是非非整天不断，如果不去听它自然就没有那么回事。

【句式、话题析解与翻译建议】

此话段为陈述句，构成了对偶句式，其中的话题为联合结构"是非"，原语具有条件隐含，表达了不去过问就能拒绝是非的道理。翻译成英语，可由 if 引导出条件句式表达原语的条件隐含，这样译语读者理解上的困难自然就会解除。

Chinese-English Version

Every day you may possibly hear people talk about rights and wrongs. If you stop listening to them, they will naturally be out of your mind for sure.

宁可正而不足[1]，不可邪而有余。

【词、句注译】

[1] 宁可正而不足：宁可生活不那么富足，也要保持正直（to prefer being a righteous person who lives in poverty）。

【现代汉语译文】

宁愿生活清贫点，做一个正直的人；宁可生活不那么富足，也不做一个奸佞邪恶之人。

【句式、话题析解与翻译建议】

此话段由对偶句式构成，其中的话题为连动式结构"宁可"和"不可"，对比关系隐含明显，表达了人们应该选择做正直的人而不去做奸佞之徒的道理。翻译成英语，可采用通常的陈述结构，需要解释的信息用定语从句来表达即可展现原语中比较含蓄的信息与功能。译语可选用 prefer to、rather than to 句式去表达，将原语的隐含意义较为充分地再现出来，这样满足译语读者的期待视野就不会是一句空话。

Chinese-English Version

I would prefer to be a righteous person who lives in poverty rather than to be a wicked one who lives a wealthy life.

宁可信其有 [1]，不可信其无 [2]。

【词、句注译】

[1] 宁可信其有：有些事宁愿相信它的存在（had better believe something to be true）。

[2] 不可信其无：也不要相信没有这回事（had better not believe something untrue）。

【现代汉语译文】

有些事宁可相信它的存在，也不可相信它不存在。

【句式、话题析解与翻译建议】

此话段由对偶句式构成，连动式结构"宁可"与"不可"为话题，前后句存在对照隐含，表明了说者的处世态度——选择前者，处境就会更加主动的道理。翻译成英语，采用简单句式，结合表对比关系的用语。这样原语的信息和功能就能通过译语的形式结构得以转达，满足译语读者的认知需要也就不在话下了。

Chinese-English Version

We had better believe something to be true instead of being untrue.

竹篱茅舍^[1]风光好，僧院道房^[2]终不如^[3]。

【词、句注译】

[1] 竹篱茅舍：茅屋竹院，乡村中简陋的屋舍（a thatched or bamboo house）。

[2] 僧院道房：道观寺院（a monastery or a Taoist abbey）。

[3] 终不如：比不上（to be inferior to）。

【现代汉语译文】

自家的茅屋竹院的风光自然很好，道观寺院是完全没法比得上的。

【句式、话题析解与翻译建议】

此话段由对偶句式构成，其中的话题为联合结构"竹篱茅舍"和"僧院道房"，其中的对比关系甚为明显。此句表明了自家的毕竟是自家的，哪怕不如人家的好的道理。翻译成英语，用译语的 while 这一连接词连接，原语的对比关系隐含由此得以充分再现，以顺应译语读者的思维习惯。

Chinese-English Version

A thatched or bamboo house of one's own is able to enjoy good views while a monastery or a Taoist abbey is not necessarily superior to it.

道院迎仙客 [1]，书堂隐相儒 [2]。

【词、句注译】

[1] 仙客：修道隐居的人（celestial beings and honorable guests）。

[2] 相儒：公卿学人（ministers and official scholars）。

【现代汉语译文】

道观寺院是修道隐居的人出入的场所，学堂是公卿宰相文人学士出入的地方。

【句式、话题析解与翻译建议】

此话段由对偶句式构成，偏正结构"道院"和"书堂"可视为本话段的两个话题。翻译成英语，不妨使用陈述句式加以描述。由于其中的寓意并不是那么直白，翻译可采用定语从句转达原语隐含的复杂信息与功能，这样译语读者接受起来就不那么难。

Chinese-English Version

Taoist temples and monasteries are spots where celestial beings and honorable guests are attracted, and schools are places where ministers and official scholars stay.

庭栽栖凤竹^[1]，池养化龙鱼^[2]。

【词、句注译】

[1] 栖凤竹：落凤的竹子（bamboo trees for a phoenix to stay in）。

[2] 化龙鱼：化龙之鱼（fish among which a dragon is born）。

【现代汉语译文】

庭院可栽种栖息凤凰的竹子，池塘可培养变为祥瑞蛟龙的鱼。

【句式、话题析解与翻译建议】

此话段由对偶句式构成，其中的话题为"庭"和"池"，叙述了不能小看庭院或池子这种小地方，不同凡响的事物往往就出于此的道理。翻译成英语，需要挖掘出其中的寓意。译语可用定语从句之类的结构，穷尽原语需要表达的意思，使译语读者彻悟其中的意义。

Chinese-English Version

Bamboo trees are planted in a court where a phoenix can stay in and fish are fostered in a pond among which a dragon is born.

结交 [1] 须胜己 [2]，似我 [3] 不如无。

【词、句注译】

[1] 结交：交朋友（to make friends）。

[2] 胜己：超过自己（to surpass oneself）。

[3] 似我：与自己水平一样（the same as one is）。

【现代汉语译文】

交朋友须找学识本领超过自己的人，和自己水平差不多的人交往还不如不与其交往。

【句式、话题析解与翻译建议】

此话段为简单陈述句式，其中的话题是连动结构"结交"，具有明显的行为意义，表明了结交朋友的态度。翻译成英语，可适当使用译语的非谓语形式、定语从句和时间状语从句，使原语中的意蕴得到充分表达，让目的语读者了解原语的表达习惯。

Chinese-English Version

One needs to make friends who are superior to himself in knowledge and expertise.

If he makes friends with those who are not better than himself, it is equal for him to make no friends.

但看三五日，相见不如初 [1]。

【词、句注译】

[1] 不如初：不如初次见时的印象好（an impression that is not so good as you first saw him）。

【现代汉语译文】

只要相处几天，就会发现他还不如初次见时的印象好。

【句式、话题析解与翻译建议】

此话段中的句式是简单的陈述句式，其话题由连动式"相见"构成，阐述了相见频次多了自然会失去新鲜感的道理。翻译成英语，不可忽视其中的条件、比较隐含，得考虑如何采用译语的形式或结构把原语的信息与功能合乎语法地表达出来，以尽量消除译语读者可能遭遇的困难。

Chinese-English Version

If only you stay with one person for a few days, you will get to know that he leaves you an impression which is not so good as that when you first saw him.

人情 [1] 似水分高下 [2]，世事如云 [3] 任卷舒 [4]。

【词、句注译】

[1] 人情：人世间的情分（human relationship）。

[2] 高下：深浅（shallow or deep; thick or thin）。

[3] 世事如云：人世间的事情好比天上的浮云（things in the world are like the floating clouds in the sky）。

[4] 任卷舒：变幻莫测（to change unpredictably）。

【现代汉语译文】

人世间的情分像流水一样有高低之分，人世间的事情好比天上的浮云变幻莫测。

【句式、话题析解与翻译建议】

此话段由对偶句构成，其中偏正结构"人情"和"世事"构成了两个话题，是对人情厚薄的区分性、世事变幻不可预测性的阐释。翻译成英语，虽然一个话题只叙述一件事，但译语可通过分句的方式将原语的意义隐含地加以表现。借助译语的形式或结构完全可以将原语的信息与功能如实地转换出来，并与译语读者的思维模式相吻合。

Chinese-English Version

Human relationship can be compared to water which may possibly be shallow or deep; things in the world are like the floating clouds which may be treacherous unpredictably.

会说说都市^[1]，不会说^[2]屋里^[3]。

【词、句注译】

[1] 说都市：都城集市里的事情（to talk about what happens in big cities）。

[2] 不会说：见识受限的人（a person who is little informed）

[3] 屋里：家庭琐事（tiny affairs occurring at home）。

【现代汉语译文】

见多识广的人谈论的是都市里的见识、国家大事等，见识受限的人只谈论些家庭琐事。

【句式、话题析解与翻译建议】

此话段由陈述句式构成，显得不太对称，话题分别是偏正结构"会说"和"不会说"，其中的意义省略明显，表达了人因见识不同而形成差异性的道理。翻译成英语，可把省略信息适当补出，用定语从句和两个并列分句分别译出两个话题，用连词 while 引出其中的对比关系隐含，这样充分利用了译语的语言结构将原语的信息与功能表现出来，使译语读者能充分理解。

Chinese-English Version

Those who are well-informed talk about what happens in big cities while those who know little talk about tiny affairs occurring at home.

磨刀恨不利^[1]，刀利伤人指^[2]。

【词、句注译】

[1] 磨刀恨不利：磨刀时害怕磨不锋利（when grinding a knife, one never feels it sharp enough）。

[2] 刀利伤人指：刀磨得锋利了却容易伤到手指头（a sharp knife hurts）。

【现代汉语译文】

磨刀时害怕磨不锋利，但刀磨得太锋利了则容易伤到人的手指头。

【句式、话题析解与翻译建议】

此话段为简单陈述句，其中的话题由动宾结构"磨刀"与主谓结构"刀利"组成，道出了"磨刀"与"刀利"的矛盾状态。翻译成英语，参照译语读者的表达习惯，借助译语的语言形式和结构将原语的信息与功能转达出来，尽可能使译语读者不会感到费解或曲解。

Chinese-English Version

When grinding a knife, one never feels it sharp enough, but a sharp knife hurts.

求财恨不多 [1]，财多害人己 [2]。

【词、句注译】

[1]求财恨不多：赚钱的时候总是嫌赚得不够多（when earning money, one never feels satiated with it）。

[2]财多害人己：钱挣得太多了又害人害己（...too much money may do harm to oneself and others）。

【现代汉语译文】

赚钱总是嫌赚得不够多，但钱财太多了又可能害人害己。

【句式、话题析解与翻译建议】

此话段由对偶句式构成，动宾结构"求财"与主谓结构"财多"是本话段的话题，阐述了两者彼此相互矛盾的方面。翻译成英语，用主从复合句式把原语的信息与功能表达清楚，这样有利于消除原语和译语在语言结构方面的隔阂。

Chinese-English Version

One never feels contented with money when making it, but too much money may do harm to oneself and others.

知足常足 [1]，终身不辱 [2]；知止常止 [3]，终身不耻 [4]。

【词、句注译】

[1] 知足常足：明白知足常乐的道理就会经常感到满足（a man who all the time knows when he should feel contented often feels satisfied）。

[2] 不辱：不会遭受耻辱（never to suffer humiliation）。

[3] 知止常止：懂得任何行为或事物都有止境就会适可而止（to know when to stop）。

[4] 不耻：不至于遭受耻辱（to be able to avoid being humiliated）。

【现代汉语译文】

明白知足常乐的道理就会经常感到满足，懂得任何事物都有止境就会适可而止，能做到这样，一生都不会遭受羞辱。

【句式、话题析解与翻译建议】

此话段由两组四字格陈述句式构成，其中的话题包括在动补结构"知足"与"知止"中，表达了知道何时满足、何时停止就会常常处于满足的状态，且不遭羞辱的道理。翻译成英语，可把两部分内容进行整合，用译语对原语的含义进行拓展，充分利用译语的结构优势，用定语从句、状语从句、不定式短语等把原语的信息与功能揭示出来，以满足译语读者正确理解原语信息的需要。

Chinese-English Version

Those who know when to feel contented are often satisfied; those who know that everything has its own stoppage are able to know when to stop. Then those who can do so will always be able to avoid being humiliated in life.

有福伤财 [1]，无福伤己 [2]。

【词、句注译】

[1] 有福伤财：有福之人遭到不幸只是损失钱财（when those lucky people suffer from misfortune, they lose some money）。

[2] 无福伤己：无福之人遭遇不幸则会伤及性命（when unlucky ones meet with misfortune, they may lose their lives）。

【现代汉语译文】

有福之人遭到不幸只是损失钱财，无福之人遭遇不幸则会伤及性命。

【句式、话题析解与翻译建议】

此话段由四字格句对组成，构成对偶句式，其中的话题分别由动宾结构"有福"和"无福"构成。此话段较好地对"有福"与"无福"进行了阐释。翻译成英语，可根据其中的含义分译为两个主从复合句，后一分句用简单句译出即可，这样译文能变得通俗易懂，想必是能照顾到目的语读者理解的需要。

Chinese-English Version

When those lucky people suffer from misfortunes, they just lose their money; when unlucky people meet with misfortunes, they may lose their lives.

差之毫厘^[1]，失之千里^[2]。

差之毫厘[1]，失之千里[2]。

【词、句注译】

[1] 差之毫厘：非常微小的差错，就差那么一点点（something very minute; nearly）。

[2] 失之千里：可能会酿成天大的错误（may cause a blunder）。

【现代汉语译文】

非常微小的差错可能会造成天大的错误。

【句式、话题析解与翻译建议】

此话段为陈述句式，话题显然是由偏正结构"毫厘"与"千里"组成，该句式体现了主语零形式隐性蛰伏的特点。将其翻译成英语时，补足主语后将原语的两句话整合成译语的简单陈述句式，译语读者理解原语的难度就会大大降低了。

Chinese-English Version

Something minute may cause a blunder.

若登高 [1] 必自卑 [2]，若涉远 [3] 必自迩 [4]。

【词、句注译】

[1] 登高：登上高处（to climb up to a height）。

[2] 必自卑：必须从低处开始（surely to start from a lower place）。

[3] 涉远：走远路（to go far）。

[4] 必自迩：必须从近处开始（to start from a place nearby）。

【现代汉语译文】

要想登上高处，就必须从低处起步。要达到远大的目标，就必须从近处开始。

【句式、话题析解与翻译建议】

此话段由对偶句式构成。其中的话题包括动宾结构"登高"和"涉远"，这种句式中的主语具有零形式隐性蛰伏的特征，表达了做事情要循序渐进，脚踏实地从小事做起的道理。翻译成英语，对原语的隐含信息借助译语的形式或结构进行拓展，增添句子的主语，用译语的两个主从复合句式把原语中的隐含意义再现出来，以帮助译语读者克服原语所引发的理解上的困难。

Chinese-English Version

When he wishes to climb, one is to start from a lower place; when he wishes to go far, one is to start from a place nearby.

三思 [1] 而行，再思可矣。

【词、句注译】

[1] 三思：再三考虑（to think over something）。

【现代汉语译文】

做任何事情之前应当再三考虑，考虑再多也不为过。

【句式、话题析解与翻译建议】

此话段为四字格陈述句式，构成对偶结构，偏正结构"三思"和"再思"构成此话段的话题。此句式隐含祈使功能，其中的主语属于零形式隐性蛰伏的类型，表明了思考再多也不为过的道理。翻译成英语，对原语的语义隐含做一定的拓展，采用译语的原因状语从句、主从复合句分别译之，这样能为译语读者的理解提供更好的服务。

Chinese-English Version

Think about something before you do it, since you can never think about it too much before you get it done.

使口 [1] 不如自走 [2]，求人 [3] 不如求己。

【词、句注译】

[1] 使口：动口说（to just give an order to someone else）。

[2] 自走：亲自做（to deal with a matter by oneself）。

[3] 求人：求助别人（to ask for help from others）。

【现代汉语译文】

动口说不如亲自去做，求人帮助还不如靠自己努力。

【句式、话题析解与翻译建议】

此话段由对偶句式构成，动宾结构"使口"和"求人"是话题，具有对比关系隐含，表达了亲力亲为心里踏实的心境。翻译成英语，采用译语中的不定式担任句中的主语和宾语，并用译语的两个并列句式取代原语的对偶句式，这样就不难满足译语读者的期待视野了。

Chinese-English Version

To deal with a matter by oneself is better than to just give an order to someone else; to ask for help from others is not so good as to make one's own efforts to do something.

小时 [1] 是兄弟，长大各乡里 [2]。

【词、句注译】

[1] 小时：还小的时候（when young）。

[2] 长大各乡里：长大成人后就各奔东西（to separate from each other to earn a living in different places）。

【现代汉语译文】

兄弟还小的时候在一起生活，长大成人后就各奔东西了。

【句式、话题析解与翻译建议】

此话段由对偶句式构成，其中的话题构成"小时"和"长大"，说出了兄弟再亲终究得分开的道理。翻译成英语，不妨采用译语主从复合句的形式将原语的信息与功能转达出来，揭示原语的隐含意义，这样既迎合原语功能的表达需要，又能符合译语语言意义构成的要求及译语读者的期待。

Chinese-English Version

When young, brothers live under the same roof; when grown up, they separate from each other to earn a living in different places.

妒财莫妒利 [1]，怨生莫怨死 [2]。

【词、句注译】

[1] 妒财莫妒利：妒忌别人的钱财可以，但不能妒忌别人得到的好处（one may be jealous of another man's money，but not jealous of the benefits he gets）。

[2] 怨生莫怨死：别人活着的时候你可以埋怨，人家死了就不要再埋怨他了（one can complain about another man when he is alive，but not complain about him any longer when he is dead）。

【现代汉语译文】

妒忌别人的钱财可以，但不能妒忌别人的收获；别人活着的时候你可以埋怨，人家死了就不要再埋怨他了。

【句式、话题析解与翻译建议】

此话段由汉语对偶句式构成，其中的话题为动宾结构"妒财"和"怨生"，说明嫉妒和抱怨的对象是谁都不可以随心所欲的道理，折射出了一定的文化意义。翻译成英语，将原语的隐含信息与功能通过译语的主从复合句式加以揭示，这样能够帮助译语读者对原语的意义及其文化隐含有较为透彻的理解。

Chinese-English Version

One may be jealous of another man's money，but not jealous of the benefits he gets. One can complain about what a man does when he is alive，but never complain about what he did any longer when he is dead.

人见白头嗔 [1]，我见白头喜 [2]；多少少年亡，不到白头死 [3]。

【词、句注译】

[1] 人见白头嗔：有的人发现自己头上长了白发就会很生气（perhaps some others people may feel sad when they notice their hair gray）。

[2] 我见白头喜：我见自己长了白发却很高兴（I feel happy when I notice my hair gray）。

[3] 不到白头死：头发没白就去世了（to die young with their hair still being black）。

【现代汉语译文】

有的人发现自己头上长了白发会很生气，我见了却很高兴，因为有许多年轻人头发还没白就去世了。

【句式、话题析解与翻译建议】

此话段为两组陈述句，构成了对偶句式，其话题围绕偏正结构"白头"而展开，说出了为自己年长于他人而庆幸的理由，折射了乐观的精神。翻译成英语，可用译语的主从句式，将原语的隐含信息与功能揭示出来，从而更好地满足译语读者的理解需求。

Chinese-English Version

Perhaps some may feel sad when they notice their hair gray. But I always feel happy when I find my hair is growing gray. As you know,there are so many people who died young with their hair still being black.

好事 [1] 不出门，恶事 [2] 传千里。

【词、句注译】

[1] 好事：好的事情（something good）。

[2] 恶事：坏的事情（something evil）。

【现代汉语译文】

好的事情不易传出去，而坏的事情传播很广。

【句式、话题析解与翻译建议】

此话段由对偶句式构成，其中的话题是偏正结构"好事"与"恶事"，表明了人们对坏事的关注往往要胜过对好事的关注的奇怪心理。翻译成英语，用译语的顺接连词 but 把原语中隐含的转折关系建立起来，从而透过译语将原语隐含的对立关系加以揭示，在形式上尽量适应译语的语法规则与表达习惯，为译语读者吃透原语所折射的认知视角提供便利。

Chinese-English Version

Something good never goes out of the door easily, but something evil always travels fast.

君子固穷 [1]，小人穷斯滥矣 [2]。

【词、句注译】

[1] 君子固穷：道德高尚的人尽管穷困但守得住底线（a man with noble character can hold the line in spite of the fact that he is poor）。

[2] 小人穷斯滥矣：卑鄙小人一旦穷困就胡作非为（when a base person is poor, he does whatever he likes to）。

【现代汉语译文】

君子虽然穷困，却能守住底线；小人一旦穷困就胡作非为了。

【句式、话题析解与翻译建议】

此话段由陈述句式构成，其中的话题为偏正结构"君子"和"小人"，具有对比隐含，说明了"君子"与"小人"之间的本质区别。翻译成英语，需要通过译语的主从复合句式把原语所反映的鲜明对比关系表达出来，以示两者本质的区别，这样译语读者的理解就不会有什么问题了。

Chinese-English Version

Although a gentleman is poor all the time but feels secure in poverty. When a contemptible man is poor, he acts wildly in defiance of the law or public opinion and commits all kinds of outrages.

不以我为德 [1]，反以我为仇 [2]。

【词、句注译】

[1] 不以我为德：不但不感激我（not to be grateful to me）。

[2] 反以我为仇：反而把我当作仇人（to rate me as a foe instead）。

【现代汉语译文】

不但不感激我，反而把我当作仇人。

【句式、话题析解与翻译建议】

此话段的句式为对偶句式，主语属于零形式隐性蛰伏的类型，其中的话题是抽象概念"德"与"仇"，表达了以德报怨的观点。翻译成英语，补足句子中的隐含主语十分关键，再借助译语有比较关系隐含的主从复合句将原语的信息与功能进行转换，以消解原语的抽象概念，有利于译语读者对此话段的全面理解。

Chinese-English Version

In this world there are people who，instead of speaking good of me, are not grateful to but hostile against me.

宁向直中取 [1]，不向曲中求 [2]。

【词、句注译】

[1] 宁向直中取：宁可用正当的方法去争取（to prefer to take something by righteous means）。

[2] 不向曲中求：不愿不择手段去谋求（to prefer not to taking something by ill means）。

【现代汉语译文】

宁可用正当的方法去争取，也不愿不择手段去谋求。

【句式、话题析解与翻译建议】

此话段由对偶句式构成，其中的话题为连动结构"宁向"与"不向"，具备了劝诫功能，表达了为人要刚正不阿这一主题。由于原语是无主语句式，将其翻译成英语时，译者应适当补出原语中的主语，消除原语中译语读者觉得晦涩难解之处，并采用含比较意义的陈述句式，以满足译语读者理解的需要。

Chinese-English Version

I would avail myself of righteous methods rather than heterodoxical ones to gain something.

人无远虑^[1]，必有近忧^[2]。

【词、句注译】

[1] 远虑：对未来加以规划（far-sighted consideration）。

[2] 近忧：眼下的难事（present troubles）。

【现代汉语译文】

如果没有长远的考虑，一个人必定会被眼前的难事所困扰。

【句式、话题析解与翻译建议】

此话段是由四字格句对构成的陈述句式，其话题围绕偏正结构"远虑"与"近忧"展开，说明了"远虑"与"近忧"的关系。翻译成英语，可进行拓展，补充其中的隐含主语的信息，用译语的主从复合句式转换原语的信息与功能。

Chinese-English Version

Without planning for one's future, he is sure to be perplexed by troubles occurring at present.

知我者 [1] 谓 [2] 我心忧 [3]，
不知我者谓我何求 [4]。

【词、句注译】

[1] 知我者：了解我的人（those who have a good knowledge of me）。

[2] 谓：说出（release）。

[3] 心忧：困扰（trouble）。

[4] 何求：有所谋求（what one conspires）。

【现代汉语译文】

了解我的人能够说出我内心的困苦，不了解我的人还以为我有所谋求呢！

【句式、话题析解与翻译建议】

此话段由陈述句构成，以动宾结构"知我者"与"不知我者"为话题，具有比照和转折隐含，道出了具有对立关系的理解与误会的矛盾心态。翻译成英语，可采用译语表对照关系的 whereas 一词把前后两句连接起来，建立起比照关系，同时使用主从复合句式，使原语的信息、功能、关系等在译语中得以充分表达，从而照顾到译语读者理解的需要。

Chinese-English Version

Those who have a good knowledge of me can help me release the trouble from my mind whereas those who do not know me well may think that I am casting my greedy eyes on something precious.

晴天不肯去，直待^[1]雨淋头。

【词、句注译】

[1] 直待：直到（until）。

【现代汉语译文】

天气好时不愿前去，直到大雨淋头时才开始行动，这时候已经晚了。

【句式、话题析解与翻译建议】

此话段陈述句，构成了对偶句式，以偏正结构"晴天"为话题，引出了要及时抓住机遇的道理，其中的主语具有零形式隐性蛰伏的特征。此句表达了机会不用，后果不堪的意义，对译语读者而言，理解起来有难度。翻译成英语，用译语的形式结构将原语的内涵加以揭示，即采用译语的主从复合句式，去揭示原语蕴含的信息和功能，以达到译语读者对原语寓意的理解。

Chinese-English Version

When the weather is fine one should seize the chance to take an action before it is too late.

成事 [1] 莫说，覆水 [2] 难收 [3]。

【词、句注译】

[1] 成事：事情办完了（when something is done）。

[2] 覆水：泼出去的水（the spilt milk）。

[3] 难收：难以收回来（difficult to take back or withdraw）。

【现代汉语译文】

事情办完了，不论好赖就不再说它了，因为泼出去的水毕竟是收不回来的。

【句式、话题析解与翻译建议】

此话段为四字格句对，其话题为动宾结构"成事"与偏正结构"覆水"，具有因果关系隐含，表达了事已至此只能面对现实的无奈。翻译成英语，可用译语的主从复合句式，最大限度地将原语的信息与功能表达出来，使目的语读者的期待视野得到满足。

Chinese-English Version

When something is done, never mention it no matter whether it is well done or not, because it is no use crying over the spilt milk.

惧法 [1] 朝朝乐 [2]，欺公 [3] 日日忧 [4]。

【词、句注译】

[1] 惧法：敬畏法纪（with awe to the law）。

[2] 朝朝乐：天天安乐（to feel happy every day）。

[3] 欺公：欺瞒公庭（to deceive the authorities）。

[4] 日日忧：忧患不断（to feel worried every now and then）。

【现代汉语译文】

敬畏法纪天天安乐，欺瞒公庭忧患重重。

【句式、话题析解与翻译建议】

此话段由对偶句式构成，其中的话题由动宾结构"惧法"和"欺公"组成，两个结构为并列关系，表达的是不同的处世态度和行为导致截然相反的生活状态的道理。翻译成英语，译语中采用两组相对应的介词短语，将两种相对的语义关系引出，形成鲜明的对照，原语中的意义蕴涵就清楚地转达出来了，如此译语读者的理解就不再是个难题。

Chinese-English Version

With awe to the law, one feels happy every day; deceiving the authorities, one feels worried every hour.

人生一世 [1]，草生一春。

【词、句注译】

[1] 人生一世：人活一辈子（one's lifetime）。

【现代汉语译文】

人活一辈子，就像草生一春一样非常短暂。

【句式、话题析解与翻译建议】

此话段是四字格句对，构成对偶关系，其中的话题是主谓结构"人生"与"草生"，喻指明确，其中的对比关系映射出了人生无异于草木，只享短暂繁茂的道理。翻译成英语，句式的多样化可谓是好的选择，译语可用简单句式将原语的信息与功能表达出来，对原语中的深刻蕴涵予以显化，大大提高其在译语环境中的接受程度。

Chinese-English Version

One's life is just like grass, flourishing for a spring. That is rather a short time.

白发 [1] 不随老人去 [2]，看来又是白头翁 [3]。

【词、句注译】

[1] 白发：头发花白（greyed hair）。

[2] 不随老人去：不会跟着老人去（not to go with those old men）。

[3] 白头翁：白发老翁（a grey-haired man）。

【现代汉语译文】

灰白的头发不会随着老人的离去而消失（当任何人老了的时候，他的头发照样会变得花白），年轻人变到白发老翁都是弹指一挥间的事。

【句式、话题析解与翻译建议】

此话段由陈述句式构成，其话题为偏正结构"白发"，说的是后生的头发不会因为白发老人的过世不再变白的道理。人一旦老去，他的头发自然就会变白，人人都无法抗拒这一自然规律。翻译成英语，前句可采用主从复合句式，后一句用倒装句型，使时间的瞬间性得以凸显，过渡显得紧凑而自然，从而把时光易逝的意义通过这一结构得以表达出来，译语读者对原语隐喻理解的困难就自然得以消解。

Chinese-English Version

Greyed hair will never disappear with old men after they die. No sooner does one become a grey-haired man than he realizes that.

月到十五[1]光明少，人到中年万事休[2]。

【词、句注译】

[1]月到十五：月亮过了十五后（when the mid-month passes）。

[2]万事休：不会有大的作为（one can make contribution no more）。

【现代汉语译文】

月亮过了十五后亮光就会越来越少，人到了中年还一事无成，也就不会有大的作为了。

【句式、话题析解与翻译建议】

此话段由对偶句式构成，其中的话题包括联合结构"十五"和偏正结构"中年"，具有明显的隐喻蕴涵，借用十五的月亮表达人到中年无可奈何的处境，渲染了岁月易流逝的深刻道理，警示一个人不要到了中年再去努力。翻译成英语，可以借助译语的形式结构把原语的信息与功能转达出来，将不同的话题置于不同的话段中，用连接语 however 把前后句对比关系建立起来，从而反映出两句话之间的逻辑照应关系，使译语读者在理解原语的信息与功能方面更为顺畅。

Chinese-English Version

When the mid-month passes, the moonlight becomes dimmer and dimmer. However, it is beyond one's ability to gain great achievements when he becomes a middle-aged man.

儿孙^[1]自有儿孙福^[2]，莫为^[3]儿孙作马牛。

【词、句注译】

[1] 儿孙：儿孙辈，指后代（descendants）。

[2] 自有儿孙福：自然有属于儿孙辈的福气（descendants will naturally have their own good luck）。

[3] 莫为：没有必要为（to have no need to do something for）。

【现代汉语译文】

儿孙辈自然有属于他们的福气，没有必要为了他们当牛做马。

【句式、话题析解与翻译建议】

此话段由陈述句式构成，其话题为联合结构"儿孙"和连动结构"莫为"，折射了一定的文化隐含，说出了儿孙的幸福全在于他们自己的造化的道理。翻译成英语，不妨通过译语建构起两个简单句式，由 and 加以连接，形式上的简化会让译语读者能直接领会中华传统文化的内涵。

Chinese-English Version

Your descendants will naturally have their own good luck, and so you have no need to work too hard for them.

人生不满百 [1]，常怀 [2] 千岁忧 [3]。

【词、句注译】

[1] 不满百：活不到一百岁（one can hardly live for a hundred years）。

[2] 常怀：心里常常想（to normally cherish something in mind）。

[3] 千岁忧：千年的担忧（a thousand-year anxiety）。

【现代汉语译文】

人一辈子往往不到百年，却常常担忧千年的事情。

【句式、话题析解与翻译建议】

此话段由陈述句式构成，其话题为偏正结构"人生"，具有转折和让步隐含，描述了人们总是为忧患所累的心境。翻译成英语，可采用译语的顺接词语 but 建立起转折和对比关系，从而把原语的转折蕴涵表达出来，为译语读者理解原语的思路创造条件。

Chinese-English Version

One can hardly live for a hundred years, but he usually cherishes a thousand-year misery.

路逢险处 [1] 难回避，事到头来 [2] 不自由 [3]。

【词、句注译】

[1] 险处：危险的地方（dangerous places）。

[2] 事到头来：麻烦事降临到头上（something troublesome visits ...）。

[3] 不自由：不是我们自己说了算（we are unable to have a final say）。

【现代汉语译文】

路上遇到危险的地方就很难回避，麻烦事一旦降临到头上就不是我们自己能够做得了主的。

【句式、话题析解与翻译建议】

此话段为陈述句，构成对偶句式，其中的话题为主谓结构"路逢"和"事到"，原文中隐含着提醒功能，申明了防患于未然的重要性。翻译成英语，借助译语的主从复合句式把原语的信息与功能呈现出来。

Chinese-English Version

When he really encounters something perilous, one will find it hard to avoid it. When something troublesome really happens, it might be beyond one's ability to put it under control.

一家养女百家求^[1]，一马不行^[2]百马忧^[3]。

【词、句注译】

[1] 百家求：众人前来求亲（hundreds of men come to seek after ... ）。

[2] 不行：不走；不移动（not to move; to come to a stop ）。

[3] 百马忧：百匹马都会跟着犯愁（hundreds of other horses hesitate ）。

【现代汉语译文】

哪家要是养育了女儿，就有众人前来求亲；哪匹马要是突然停下来，前后左右的众多马匹会跟着犯愁。

【句式、话题析解与翻译建议】

此话段是陈述句，构成对偶句式，偏正结构"一家"与"一马"为该话段的两个话题，具有条件和类比关系隐含，说明一件事情的发生往往会引起连锁反应的事理。翻译成英语，可采用译语含条件的主从复合句式对原语的信息与功能进行表达，将两个话题置于两个话段之中，实现译语和原语在形式结构上的呼应，从而保证原语基本信息与功能在译语中得到体现，使译语读者不会感到陌生。

Chinese-English Version

If one family raises a girl, hundreds of men would come to seek after her.

If one horse does not move forward, hundreds of other horses would come to a stand-still.

有花方酌酒[1]，无月不登楼[2]。

【词、句注译】

[1] 有花方酌酒：有花可赏才可以喝酒（only in the company of flowers can one drink wine）。

[2] 无月不登楼：没有明月就不去登楼（without moonlight at night may one not go upstairs to appreciate it）。

【现代汉语译文】

有花可赏才可以喝酒，没有明月便不可登楼赏月。

【句式、话题析解与翻译建议】

此话段为对偶句式，其中的话题为动宾结构"有花"和"无月"，表达了凡事皆有起因，任何事都要具备条件才能做成的道理。翻译成英语，可用译语的形式结构即倒装句式使原语的信息与功能得以转达，使译语读者的期待视野能得到较好满足。

Chinese-English Version

Only in the company of flowers can one drink wine; at the moonlit night can one join others to go to an upper place to appreciate the moon.

深山毕竟藏^[1]猛虎，大海终须纳^[2]细流^[3]。

【词、句注译】

[1] 藏：藏有（there exist; there live）。

[2] 纳：容纳（to embrace; to contain）。

[3] 细流：涓涓细流（small streams; brooks）。

【现代汉语译文】

深山之所以为深山是因为有猛虎在里面生存；大海之所以为大海是因为由无数条细流汇集而成。

【句式、话题析解与翻译建议】

此话段由对偶句式构成，其中的话题为偏正结构"深山"和"大海"，具有因果关系隐含，表达了"深山"之所以成为"深山"、"大海"之所以成为"大海"的理由。翻译成英语，用译语表因果关系的主从复合句式把原语的因果关系隐含清楚地表达出来，以利于译语读者对文字背后信息的解读。

Chinese-English Version

A mountain becomes a mountain because there live ferocious tigers in it; a sea turns into a sea in that it embraces numerous small streams.

惜花须检点^[1]，爱月不梳头^[2]。

【词、句注译】

[1] 惜花须检点：爱惜花儿要注意自己的行为（be careful about what you're doing if you really value flowers）。

[2] 爱月不梳头：喜爱月亮就没必要那么谨慎（don't be so discreet if you truly care the moon）。

【现代汉语译文】

爱惜花儿要注意自己的行为；喜爱月亮就没必要那么谨小慎微。

【句式、话题析解与翻译建议】

此话段由对偶句式构成，其话题由动宾结构"惜花""爱月"组成，表达了不同的场合或对不同的事物要以不同的行为方式加以处置的道理。翻译成英语，可用译语的主从复合句式将原语的信息与功能转达出来，把两个不同的话题置于不同的话段之中，从而尊重译语读者的阅读习惯。

Chinese-English Version

One should not be unrestrained in appreciating flowers but keep his integrity instead.

One should not behave himself too cautiously if he is really fond of the moon indeed.

大抵^[1] 选他肌骨^[2] 好，
不搽红粉^[3] 也风流^[4]。

【词、句注译】

[1] 大抵：只要（probably）。

[2] 肌骨：容貌长相（one's looks）。

[3] 不搽红粉：不搽脂抹粉（not to make oneself up）。

[4] 风流：漂亮（good-looking; nice-looking）。

【现代汉语译文】

只要五官长得好，即使不搽脂抹粉也很漂亮。

【句式、话题析解与翻译建议】

此话段由对偶句式构成，其话题是联合结构"肌骨"和偏正结构"红粉"，具有让步关系隐含，主语呈现出了零形式隐性蛰伏的特征。翻译成英语时，根据前后文信息补出适切的主语，再借助译语中的关联词语 even if 引导出表因果关系的从句，形成主从复合句式，以此方式将原语的信息与功能进行转换，使前言后语有着逻辑关联，为译语读者正确理解原语的蕴涵提供便利。

Chinese-English Version

So long as one excels in facial features, she is sure to look pretty good even if she does not make herself up.

受恩深处 [1] 宜先退 [2]，
得意浓时 [3] 便可休 [4]。

【词、句注译】

[1] 受恩深处：深受人家恩典之时（when one is given a lot of privilege）。

[2] 先退：及早退让（to withdraw oneself from）。

[3] 得意浓时：春风得意之时（when everything is favorable with sb. ）。

[4] 休：抽身（to retreat; to withdraw）。

【现代汉语译文】

深受人家恩典之时应及早退让，春风得意之时也要早早抽身。

【句式、话题析解与翻译建议】

此话段由并列的对偶句式构成，其话题为动宾结构"受恩"和"得意"，阐明了领受任何好事都应当懂得分寸、适可而止，避免祸起萧墙或适得其反的道理。翻译成英语，可用主从复合句式加以体现，一个话题由一个话段去表达，尽量与目的语的表达方式呼应，以利于译语读者更好地理解原语的意义。

Chinese-English Version

After one is given a lot of privilege, he should withdraw as soon as he could. When everything is favorable with him, he should desire nothing more.

莫待^[1]是非^[2]来入耳，从前恩爱便为仇^[3]。

【词、句注译】

[1] 莫待：不要等到（to wait not until ...）。

[2] 是非：风言风语（rights and wrongs）。

[3] 从前恩爱便为仇：过去的恩爱就有变成怨恨的理由（the past affection may turn into enmity）。

【现代汉语译文】

千万不要等到是非传入耳内，致使过去的恩爱变成怨恨。

【句式、话题析解与翻译建议】

此话段由对偶句式构成，联合结构"是非""恩爱"构成了此话段的话题，表达了要留住恩爱就别听那些是是非非的道理，其中有劝诫的意味。翻译成英语，不妨采取祈使句式，同时还得考虑原语中的转折隐含，把原语的口吻转达出来，以利于译语读者领会其中深刻的道理。

Chinese-English Version

Retreat before you hear rights and wrongs about you and the past affectionateness may possibly turn into enmity, otherwise.

留得五湖[1]明月在，不愁无处下金钩[2]。

【词、句注译】

[1] 五湖：泛指江河湖海（rivers and lakes）。

[2] 金钩：鱼钩（a fishhook）。

【现代汉语译文】

只要明月仍然照射在江河湖海之上，钓鱼的事情就用不着发愁。

【句式、话题析解与翻译建议】

此话段为陈述句，构成对偶句式，其中的主语具有零形式隐性蛰伏的特征，具有条件隐含。其主题表达了类似于留得青山在、何愁没柴烧的道理。翻译成英语，不妨用含条件的主从复合句式进行转达，以利于译语读者的理解。

Chinese-English Version

As long as moonlight shines over rivers and lakes, one does not need to worry about fishing.

休别[1]有鱼处，莫恋浅滩头[2]；
去时终须去[3]，再三留不住。

【词、句注译】

[1] 休别：不要轻易离开（to easily withdraw to leave...）。

[2] 浅滩头：浅水滩头（at shallow beaches）。

[3] 终须去：终究要离去（let bygones be bygones）。

【现代汉语译文】

不要轻易地离开有鱼的地方，也不要过分地迷恋浅水滩头。该离去的终究要离去，想留也留不住。

【句式、话题析解与翻译建议】

此话段由两个对偶句式构成，其中的话题分别是连动结构"休别""莫恋"与动补结构"去时""再三"等，说出了做事要果断和万般皆无奈的主题思想，具有祈使隐含。翻译成英语，可采用译语的祈使句、主从复合句进行转换，以满足译语读者对原语的语言信息与功能的理解需要。

Chinese-English Version

Do not leave at a place where there is plenty of fish.

Do not indulge yourself too much in staying at those shallow beaches, either.

Let bygones be bygones since you cannot have them remain as you expect them to.

父母恩深终有别^[1]，夫妻义重^[2]也分离。

【词、句注译】

[1] 父母恩深终有别：父母的恩情再深也会有离别的那一天（there is a time when one is set apart from his parents in spite of their loving–kindness）。

[2] 义重：情义重（strong affectionateness）。

【现代汉语译文】

父母的恩情再深也会有离别的那一天，夫妻的情义再重也不见得不会分离。

【句式、话题析解与翻译建议】

此话段由对偶句式构成，其中的话题为主谓结构"父母恩深"和"夫妻义重"，道出了父母、夫妻都终将分离的客观事实。翻译成英语，可借助译语的主从复合句式，把原语丰富的思想内涵转达出来，另外，有必要构建不同的话段，把各个话题置于不同的话段之中，这样既考虑了译语的表达习惯，又使译语读者充分理解原语的语义内涵。

Chinese-English Version

There is definitely a time when one is set apart from his parents in spite of their loving-kindness.

There is a time when a couple may say farewell to each other despite their deep affection for each other.

人恶^[1] 人怕天不怕^[2]，
人善^[3] 人欺天不欺^[4]。

【词、句注译】

[1] 人恶：人之歹毒（a wickedness of a man）。

[2] 天不怕：苍天不怕他（the Heaven fears him not）。

[3] 人善：人之善良（kindheartedness of a person）。

[4] 天不欺：苍天不会欺负他们（the Heaven would show them mercy）。

【现代汉语译文】

歹毒之人大家都害怕，但苍天不害怕他；善良之人会被人欺负，但苍天不会欺负他。

【句式、话题析解与翻译建议】

此话段为对偶句式，其中的话题由主谓结构"人恶""人善"构成，反映了惩恶扬善天作主的心理寄托。翻译成英语，不妨采用两个简单句式，并在行文中用 but 这一顺接词进行连接，将话题置于不同的话段中加以转换，以利于译语读者理解。

Chinese-English Version

People are afraid of those wicked men but the Heaven fears them not. Kindhearted people are usually bullied but the Heaven would show them mercy.

黄河尚有澄清 [1] 日，岂可人无得运 [2] 时?

【词、句注译】

[1] 澄清：变得清澈（to become clear）。

[2] 得运：时来运转（luck turns in one's favor）。

【现代汉语译文】

黄河尚且有澄清的那一天，难道一个人就没有时来运转的那一刻？

【句式、话题析解与翻译建议】

此话段由对偶句式构成，其话题为"黄河"与"人"，其中的因果隐含明显，表达了任何人的一生中总有时来运转那一天的信念。翻译成英语，可采用复合句式把原语中的因果隐含表达出来，反问句式的使用会让翻译更加贴切，由此而保持原语的设问结构，顺应译语读者理解上的需要。

Chinese-English Version

Since there is a time when the Yellow River becomes clear again, isn't there a time when a person has its day?

得宠思辱^[1]，居安思危^[2]。

【词、句注译】

[1] 得宠思辱：得人恩宠的时候要想一想将来可能会遭人羞辱（when you find favor, you need to take into consideration the laden humiliation to happen to you someday）。

[2] 居安思危：平安无事的时候要考虑日后可能会面临危险的事情（when all goes well, you need to take into account the peril possible to happen to you in the future）。

【现代汉语译文】

得人恩宠的时候要考虑将来可能会遭受耻辱；平安无事的时候想一想以后有没有可能发生危险。

【句式、话题析解与翻译建议】

此话段由四字格句对构成，其中的话题有动宾结构"得宠"、动补结构"居安"。此话段反映了忧患意识永不多余的主题思想。将其翻译成英语时，译语采用主从复合句式、比较句式是较为理想的选择。遵照一个话题置于一个话段的翻译原则，译语可以把不同的话题置于不同的话段之中，这样译文自然会显得贴切得体，有利于译语读者的理解需要。

Chinese-English Version

When you find favor, you need to take into consideration the laden humiliation possible to happen to you someday.

When all go well, you should take into account the peril possible to appear before you in the future.

念念有如临渊日 [1]，心心 [2] 常似过桥时。

【词、句注译】

[1] 临渊日：面临深渊的时候（as if staying in front of an abyss）。

[2] 心心：所有的心思（to keep alert; to be cautious）。

【现代汉语译文】

心里老是想着如临大敌的情形，时刻保持警惕；心里老是想着过独木桥时的情景，步步小心谨慎。

【句式、话题析解与翻译建议】

此话段由对偶句式构成，联合结构"念念"和"心心"是话题。该句结构具有零形式隐性蛰伏的特征，提醒人们要有常备不懈之心，方可万无一失。翻译成英语，可将两个分句加以浓缩，在保证译语句意清晰的前提下，使原语信息不至于流失，以更好地帮助译语读者理解原语意义。

Chinese-English Version

You should keep alert just as you are in front of an abyss or just as you are crossing a single-plank bridge.

英雄行险道^[1]，富贵^[2]似花枝。

英雄行险道[1]，富贵[2]似花枝。

【词、句注译】

[1] 险道：充满艰险的道路（ups and downs; twists and turns）。

[2] 富贵：有钱又有地位（glory and wealth）。

【现代汉语译文】

大凡英雄豪杰的经历充满着艰险；荣华富贵就好比花枝一样容易凋零，成过眼烟云。

【句式、话题析解与翻译建议】

此话段由对偶句式构成，其中的话题包括偏正结构"英雄"和联合结构"富贵"。叙述的是英雄需要付出、富贵未必持续的道理。将其翻译成英语时，译语采用平行结构和主从复合句式，使译语在形式上尽量与原语对应，充分体现原语信息，从而满足目的语读者的期待视野。

Chinese-English Version

The roads stepped by heroes are full of turns and twists; glory and wealth are just like flowers which easily wither away.

人情莫道春光好 [1]，只恐秋来有冷时 [2]。

【词、句注译】

[1] 人情莫道春光好：千万别说人与人之间的关系总是像春光那样明媚（human relationships can never be described as bright as spring days）。

[2] 有冷时：有冷冷清清的时候（desolate times; period of desolation）。

【现代汉语译文】

人与人之间的关系并不总是像春光那样明媚，也有像秋风扫落叶时的冷冷清清。

【句式、话题析解与翻译建议】

此话段为陈述句结构，其中的话题是偏正结构"人情"。其中隐喻手段的使用帮助阐明了人与人之间的关系会遭遇冷暖变化的哲理。翻译成英语，不妨采用译语的并列句式，再加主从复合句，尽量厘清人情之间的微妙关系，保证译语读者对原语的准确理解。

Chinese-English Version

Human relationships are not always as bright as spring days, and there might be moments just as desolate as the days when autumn winds sweep off leaves.

送君[1] 千里，终须[2] 一别。

【词、句注译】

[1] 君：朋友（friends）。

[2] 终须：最后还得（after all）。

【现代汉语译文】

送朋友时送得再远，最后还得说再见。

【句式、话题析解与翻译建议】

此话段由陈述句式构成，其中的话题是动宾结构"送君"，叙说了朋友间情感上即便有多么的不舍，也得有个离别的道理。翻译成英语，把原语中的两个分句合而为一可使信息焦点更加突出，有利于译语读者的准确把握。

Chinese-English Version

Friends have to say goodbye to each other no matter how far away one sees off another.

但将冷眼 [1] 观螃蟹，
看你横行 [2] 有几时 [3]。

【词、句注译】

[1] 冷眼：非常冷静地（perfectly calmly）。

[2] 横行：横着爬行（to run wild）。

[3] 几时：什么时候（when; what time）。

【现代汉语译文】

你可以非常冷静地看爬行的螃蟹，看它究竟能横着爬行到什么时候。

【句式、话题析解与翻译建议】

此话段由对偶句式构成，话题是偏正结构"冷眼"，阐明了横行霸道难持续的道理。翻译成英语，用译语的主从复合句陈述其中的信息，能够有效转达出原语所要表达的意义，从而满足译语读者对原语基本内容的理解。

Chinese-English Version

You can look at a crab perfectly calmly and see that it cannot run too far away.

善事可作^[1]，恶事莫为^[2]。

【词、句注译】

[1] 善事可作：好事可以多做（one can do as many good deeds as he can）。

[2] 恶事莫为：坏事千万别做（one should never do anything wicked）。

【现代汉语译文】

好事可以多做，坏事千万别做。

【句式、话题析解与翻译建议】

此话段是四字格句对，构成对偶句式，偏正结构"善事"和"恶事"为此话段的话题，劝诫隐含明显，表达了崇德向善的希望。翻译成英语，可采用译语的主从复合句加以组合，用 but 这一顺接连词把原语中的转折隐含表达出来，以满足目的语读者的期待视野。

Chinese-English Version

One can do as many good deeds as he can, but should never do anything wicked.

许 [1] 人一物，千金不移 [2]。

【词、句注译】

[1] 许：答应（to promise）。

[2] 不移：绝不能反悔（never to take back）。

【现代汉语译文】

答应送给别人的东西，就是有人以千两黄金相换也绝不能反悔。

【句式、话题析解与翻译建议】

此话段为四字格陈述句对，其中的话题为偏正结构"一物"和"千金"，表达了诚信比任何东西都要贵重的道理。翻译成英语，可采取主从复合句式，以方便译语读者理解。

Chinese-English Version

When you promise to present someone a thing, you should never take it back from him even though it can be exchanged back for a thousand liang of gold.

龙生[1]龙子，虎生豹儿[2]。

【词、句注译】

[1] 生：生养（give birth to）。

[2] 豹儿：凶猛的猫科动物（raptorial felidae leopard）。

【现代汉语译文】

龙生下的孩子必然还是龙，虎生下的必定是虎豹之类凶猛的动物。

【句式、话题析解与翻译建议】

此话段由四字格句对构成对偶句式，其中的话题主谓结构"龙生""豹生"，叙述了世间事物都有各自的物种继承性，即传宗接代有规律性可循。翻译成英语，将两个并列的对偶句用译语的复合句式进行翻译，在形式上可与原语形成一定的对应，有利于译语读者的解读。

Chinese-English Version

A dragon gives birth to a dragonling, and a tiger gives birth to a jackals.

龙游浅水 [1] 遭虾戏 [2]，
虎落平阳 [3] 被犬欺 [4]。

【词、句注译】

[1] 浅水：浅水滩（shallow waters）。

[2] 遭虾戏：被小虾戏弄（to be played tricks by shrimps）。

[3] 平阳：平川（plain）。

[4] 被犬欺：被家狗欺负（to be teased by dogs）。

【现代汉语译文】

龙游在浅水滩中连小虾也敢戏弄它，老虎落入平川连家狗都可欺负它。

【句式、话题析解与翻译建议】

此话段由并列句构成，形成对偶句式，其中的话题为"龙"和"虎"，折射出万物都有与之相适应的环境，缺陷和长处共存，强者只有在适切的条件下才能凸显其强大的道理。翻译成英语，采用译语的复合句式是正确的选择，由此去满足译语读者的期待视野。

Chinese-English Version

When a dragon swims in shallow waters, shrimps can play tricks on it; when a tiger appears on a plain, a dog can tease it.

一举首登龙虎榜^[1]，十年身到^[2]凤凰池^[3]。

【词、句注译】

[1] 一举首登龙虎榜：参加一次科举考试就金榜题名（to have one's name on the list which helps him ride on the crest of success by taking an imperial examination for the first time）。

[2] 十年身到：十年苦读终于换来（ten years' hardwork helps one succeed in ...）。

[3] 凤凰池：远大前程（a great expectation; a bright future）。

【现代汉语译文】

有的人只参加一次科举考试就金榜题名，十年苦读终于换来了远大前程。

【句式、话题析解与翻译建议】

此话段由对偶句式构成，其中的话题是偏正结构"龙虎榜"和"凤凰池"，其主语表现出零形式隐性蛰伏的特征，表达了科举考试一旦成功便可名闻天下，尽享尊荣的道理。翻译成英语，采用译语的叠式定语从句对原语进行翻译，使原语中的文化隐含得以显化，为目的语读者深刻理解其中的文化蕴涵做铺垫。

Chinese-English Version

There exists someone who works hard for ten years to have his name on the list, which helps him ride on the crest of success by taking an imperial examination for the first time. One's ten-year hard work helps him realize his great expectations.

十载寒窗^[1]无人问^[2]，
一举成名天下知^[3]。

【词、句注译】

[1] 十载寒窗：十年寂寞艰苦的读书生活（to work hard for ten years）。

[2] 无人问：没有人关切询问（with nobody knowing somebody else）。

[3] 一举成名天下知：一旦科举及第成名之后天下人都知道了（to enjoy great reputation the instant one succeeds in passing the imperial civil service examination）。

【现代汉语译文】

有的人寂寞艰苦地读十年书却无人问津，一旦科举及第成名之后天下人皆知。

【句式、话题析解与翻译建议】

此话段由对偶句式构成，其中的话题是偏正结构"寒窗"和动宾结构"成名"，表达了多年的艰辛付出方可功成名就的道理。翻译成英语，可采用译语的叠式定语从句，以保证原语所要表达的深刻内涵得到转达，同时满足译语的表达习惯，有助于译语读者更好地理解原语的文化内涵。

Chinese-English Version

He, who is the person who works hard for ten years without being known to others but succeeds in passing the imperial civil service examination all of a sudden, is known to all.

鸡豚 [1] 狗彘 [2] 之畜无失其时 [3]，几口之家可以无饥 [4] 矣。

【词、句注译】

[1] 鸡豚：鸡和小猪（chickens and porklings）。

[2] 狗彘：狗和猪（dogs and pigs）。

[3] 失其时：错过繁殖的时机（to miss the breeding time）。

[4] 无饥：不会饥饿（to suffer no hunger）。

【现代汉语译文】

鸡狗猪等家畜，不要错过它们繁殖的时机，这样几口人的家庭就不会忍饥挨饿了。

【句式、话题析解与翻译建议】

此话段为简单的陈述句式，偏正结构"鸡豚狗彘之畜"和"八口之家"为本话段的话题，叙述的是一般人家的生产生活，具有条件隐含。翻译成英语，采用译语的条件句式或许会使原语的信息和功能得以清楚地表达，有利于译语读者透彻理解原语信息。

Chinese-English Version

If we pay close attention to the breeding time for farm livestocks such as chickens, dogs and porklings, then a family with members will suffer no hunger.

常将有日 [1] 思无日 [2]，莫把无时当有时 [3]。

【词、句注译】

[1] 有日：安逸的日子（to live affluently）。

[2] 无日：困苦的时候（the days when one is poor）。

[3] 莫把无时当有时：千万别把困顿的日子当作富裕的时候那般过（not to waste so much as one used to when living affluently）。

【现代汉语译文】

当家做主方知挣钱的不易，为人父母才体会到父母的恩情。在安逸的日子里要经常思量困苦的时候，千万别把困顿的日子当作富裕的时候那般过。

【句式、话题析解与翻译建议】

此话段由对偶句式构成，其话题包括主谓结构"有日"与"无时"，表达了生活要未雨绸缪的道理。此话段翻译成英语，可将两个话题用不同的话段译出，以稍显简单的句式加以表达，使译语与原语在信息与功能方面实现较好的呼应，以提高译语读者的接受度。

Chinese-English Version

When you can live an affluent life, remember the days when you were poor. When you live poorly, do not waste as much as you used to.

时来 [1] 风送滕王阁 [2]，
运去 [3] 雷轰荐福碑 [4]。

【词、句注译】

[1] 时来：时来运转的时候（luckily; everything favorable）。

[2] 风送滕王阁：情况很糟也能化险为夷（to turn calamities into blessings）。

[3] 运去：霉运连连之际（unfortunately; unluckily; hard times）。

[4] 雷轰荐福碑：原本的好局面也会每况愈下（to be down on one's luck）。

【现代汉语译文】

时来运转的时候，即使情况很糟也能化险为夷；一旦霉运接二连三而至的时候，原本的好局面也会每况愈下。

【句式、话题析解与翻译建议】

此话段为对偶句式，其话题为主谓结构"时来"与"运去"，叙说的是发生在运气方面的两种情形：运气好时常有意外之喜；运气差时，极有可能办好的事情也会出现意外。翻译成英语，不妨采用主从复合句式，并把两个话题置于两个不同的话段之中，这样会使两种相反的情形得到清楚的表达，有利于提高译文在译语环境中的接受度。

Chinese-English Version

When everything is favorable with one, he can turn calamities into blessings. When he is with misfortune, one may be down on his luck.

入门休问^[1]荣枯事^[2]，

观看容颜^[3]便得知。

【词、句注译】

[1] 休问：不必向主人打探（not to ask the master about something）。

[2] 荣枯事：家庭光景（house affairs）。

[3] 观看容颜：看看脸上的表情（to just look at one's facial expression）。

【现代汉语译文】

进门的时候不必向主人打探他过得好坏，看他脸上的表情你便知道十之八九了。

【句式、话题析解与翻译建议】

此话段为一般陈述句式构成，其中的话题为偏正结构"荣枯事"与"容颜"，折射出容颜反映荣枯事的道理，因果关系隐含其中。翻译成英语，采用主从复合句式体现原语中的因果关系隐含，有助于译语读者较为透彻地理解原文的语义隐含。

Chinese-English Version

Do not ask the host about his home business when you visit him, since you can realize what has happened to him just by looking at his facial expression.

息却 [1] 雷霆之怒 [2]，罢却 [3] 虎狼之威 [4]。

【词、句注译】

[1] 息却：平息（to appease; to pacify）。

[2] 雷霆之怒：雷霆般的怒火（thunder like rage）。

[3] 罢却：别显摆；不显耀（to restrain oneself）。

[4] 虎狼之威：如狼似虎的威风（portliness of tiger and wolf）。

【现代汉语译文】

一个人必须平息如雷霆般的怒火，千万别显摆如狼似虎的威风。

【句式、话题析解与翻译建议】

此话段由对偶句式构成，动补结构"息却"和"罢却"是话题，主语具有零形式隐性蛰伏型特征，表达了欲与他人交好，息却怒火，表现谦逊最为重要的道理，翻译成英语，不妨采取形式主语句，译语的形式优势将使原语的隐含信息表现出来，以符合译语读者的思维习惯。

Chinese-English Version

It is rather important for one to suppress his thunder-like rage and restrain his tiger –and-wolf-like portliness if he wants to make friends with others.

饶[1] 人算[2] 之本[3]，输[4] 人算之机[5]。

【词、句注译】

[1] 饶：饶恕（forgiveness; to forgive）。

[2] 算：胜算（to be sure to win/succeed）

[3] 本：根本（essence）。

[4] 输：谦让（tolerance）。

[5] 机：机会（an opportunity endowed by the Heaven）。

【现代汉语译文】

宽恕别人是胜算的根本，多谦让别人可随时迎来良机。

【句式、话题析解与翻译建议】

此话段由对偶句式构成，其话题是动宾词组"饶人"和"输人"，说出了成功靠平时宽恕别人、谦让别人的道理。翻译成英语，可用两个平行结构句式予以转达，就不至于使译语读者产生理解上的困难了。

Chinese-English Version

Forgiveness is the essence to win; tolerance results in the opportunity endowed by the Heaven.

好言 [1] 难得，恶语 [2] 易施 [3]。
一言既出 [4]，驷马 [5] 难追。

【词、句注译】

[1] 好言：说别人好话（to praise others; to speak good of others）

[2] 恶语：说别人坏话（to speak ill of others; to scorn others）。

[3] 易施：容易做到（to get easily, to be done easily）。

[4] 一言既出：一句话说出口（what one says）。

[5] 驷马：套着四匹马的一辆车（four horses pulling the same coach）。

【现代汉语译文】

说别人好话难于做到，说别人坏话则易如反掌。说出口的话就要算数，即便一辆四匹马拉的车去追也追不回来。

【句式、话题析解与翻译建议】

此话段为并列的四字格句对，其中的话题由偏正结构"好言""恶语""一言"和"驷马"构成，表达了损人易，颂人难，劝君莫做悔恨事的隐含意义。翻译成英语，将每个话题置于不同的话段之中，可分别采用形式主语句、祈使句以及复合句去表达原语的信息与功能，尽量做到既忠实于原语信息，又有利于译语读者理解的需要。

Chinese-English Version

It is difficult for one to speak good of others whereas it is easy for one to speak ill of others.

Say what you mean since one can never eat his words after all.

道吾好者[1]是吾贼[2]，
道吾恶者[3]是吾师[4]。

【词、句注译】

[1] 道吾好者：吹捧我的人（a man who flatters me）。

[2] 吾贼：伤害我的人（a man who does me harm）。

[3] 道吾恶者：背后说我坏话的人（a man who criticizes me behind）。

[4] 吾师：帮助我的人（a man who helps me）。

【现代汉语译文】

吹捧我的人其实是在伤害我，背后说我坏话的人其实是在帮助我。

【句式、话题析解与翻译建议】

此话段是由两个判断句式构成的对偶句，其中的话题由偏正结构"好者"与"恶者"构成，具有对比隐含，表达了当面颂扬我的可能图谋不轨，背后说我坏话可能于我有利的道理。翻译成英语，用译语 whereas 引导出含对比关系的主从复合句，既忠实于原语的信息与功能，又可望实现译语形式的目的。

Chinese-English Version

A man who flatters me actually does harm to me whereas a man who criticizes me at the wake of me actually protects me.

路逢侠客^[1]须呈忍^[2]，
不是才人^[3]莫献诗^[4]。

【词、句注译】

[1] 侠客：指讲义气、有勇气，肯舍己救人的人（a knight-errant）。

[2] 须呈忍：应当承让、隐忍（to avert）。

[3] 才人：文采出众的人（a man talented enough）。

[4] 莫献诗：吟诗作对也就罢了（no need to read poems aloud or compose couplets before others）。

【现代汉语译文】

路上遇到侠客的时候，就应当承让、隐忍；文采如果不出众，吟诗作对也就罢了。

【句式、话题析解与翻译建议】

此话段由对偶句式构成，其中的话题为偏正结构"侠客"与"才人"，此句式具有条件隐含，表达了该忍则忍、该隐则隐，为人谦逊才能避免不必要的尴尬的道理。翻译成英语，采用译语的主从复合句式进行表达为宜，使原语的信息与功能得到充分表达，且将两个话题分别置于两个话段之中，以提高译语在目的语环境中的接受度。

Chinese-English Version

One should try not to show himself off before a knight-errant when meeting with the latter.

A man untalented enough should not read aloud poems or compose couplets before others.

三人同行 [1]，必有我师 [2] 焉。择其善者而从之 [3]，其不善者而改之 [4]。

【词、句注译】

[1] 三人同行：同行的三个人（three people on the same way to a place）。

[2] 必有我师：必然有能够当我老师的人（there must be something superior in them that I can learn from）。

[3] 择其善者而从之：选择他身上值得我学习的方面（to choose to follow / learn those which are superior）。

[4] 其不善者而改之：对其中不好的方面则对照自己加以改正（to draw lessons from those defects in order to perfect / improve oneself）

【现代汉语译文】

同行的三个人，其中必定有够格当我老师的人。我会选择他身上值得我学习的方面加以学习，而对他身上存在的不足我则会引以为戒。

【句式、话题析解与翻译建议】

此话段由一般陈述、对偶两种句式构成，前者的话题由偏正结构"三人"构成，后者的话题为"善者"与"不善者"，对偶句的主语呈现出零形式隐性蛰伏特征。翻译成英语，首先把不同的话题置于不同的话段之中，然后，用主从复合句式替代原语的句型，从而揭示原语的隐含义，遵守译语规范以期使译语读者的期待视野得到满足。

Chinese-English Version

When three people are together, there must be something superior in them which I can learn from. I will choose to follow their superior advantages and to avoid their inferior drawbacks.

少壮^[1]不努力，老大^[2]徒^[3]伤悲^[4]。

【词、句注译】

[1] 少壮：年轻时（at one's prime）。

[2] 老大：年老时（when one is old）。

[3] 徒：没用（for nothing; in vain）。

[4] 伤悲：（grieved; sorrowful）。

【现代汉语译文】

一个人年轻时不努力学习上进，年老时一事无成，恐怕悲伤也没用了。

【句式、话题析解与翻译建议】

此话段由对偶句式构成，其中的话题为联合结构"少壮"和"老大"，具有条件隐含，说出了"少壮须努力"的重要性。翻译成英语，可采用具有条件隐含的主从复合句式将原语的信息与功能进行转达，以顺应译语读者理解的需要。

Chinese-English Version

If he strives for nothing when he is young, one will succeed nowhere when he is old, and then what accompanies him in his life is only grief.

人有善念^[1]，天必从之^[2]。

【词、句注译】

[1] 善念：善良的念头或愿望（a good will）。

[2] 从之：顺从他（to fall in with; to comply）。

【现代汉语译文】

如果一个人有善良的愿望，老天都会顺从他的意思。

【句式、话题析解与翻译建议】

此话段由四字格对偶句式构成，有着条件隐含，其中的话题是"人"和"天"，表达了"善意天助"的道理。翻译成英语，采用含条件的主从句式，用 God 指代"天"，不仅符合译语语法规则，使译语表达习惯得以保持，还能引起译语读者在理解其中的抽象意义时的共鸣。

Chinese-English Version

If one is kindhearted enough, God will help him.

莫 [1] 饮卯时 [2] 酒，昏昏 [3] 醉到酉 [4]。

【词、句注译】

[1] 莫：千万别（never）。

[2] 卯时：早晨（morning）。

[3] 昏昏：无精打采（to be in the blues; to be listless）。

[4] 酉：晚上（night）。

【现代汉语译文】

一个人在早晨千万别饮酒，否则一天到晚都会无精打采。

【句式、话题析解与翻译建议】

此话段是由对偶句式构成的陈述句，话题是动宾结构"莫饮酒"，其主语体现出零形式隐性蛰伏型的特征，有警示隐含，表达的是早上莫饮酒的重要性。将其翻译成英语时，译语使用祈使句式和陈述句式可与原语信息与功能呼应，亦可选择含条件的主从复合句式进行翻译，通过译语的形式结构可将原语所隐含的信息与功能充分地展示出来，从而满足译语读者的期待视野。

Chinese-English Version

Never drink wine in the morning. Otherwise, you will be in the blues from morning till night (If he drinks in the morning, one will be listless from morning till night).

莫骂酉时妻，一夜受孤凄 [1]。

【词、句注译】

[1] 一夜受孤凄：一晚孤单守空房（to stay alone throughout the night）。

【现代汉语译文】

到了晚上千万别和妻子吵架，否则整个晚上都会孤孤单单守空房了。

【句式、话题析解与翻译建议】

此话段由对偶句构成，其中的话题为连动结构"莫骂"，有着主语零形式隐性蛰伏型的特征，具有祈使隐含，反映了骂人不选时机会造成令人难堪的后果。将其翻译成英语时，译语的祈使句式或具有条件隐含的主从复合句皆可运用，通过译语的语言结构把原语所隐含的信息与功能表达出来，为译语读者理解提供方便。

Chinese-English Version

Do not quarrel with your wife at night.Otherwise you are sure to suffer from loneliness till dawn（If he quarrels with his wife at night，one has to stay alone throughout the night）.

种麻 [1] 得 [2] 麻，种豆得豆。

【词、句注译】

[1] 种麻：种植麻类植物（to plant hemps）。

[2] 得：收获；获得（to harvest; to obtain）。

【现代汉语译文】

种植麻类收获麻类，种植豆类收获豆类。

【句式、话题析解与翻译建议】

此话段为四字格句对，其话题由动宾结构"种麻""种豆"所构成，陈述了有行动必有收获的辩证道理。翻译成英语，可用现成的英语谚语翻译，译语中采用具有对比隐含的主从复合句可将原语所隐含的因果信息与功能表达出来，既显自然流畅，又符合译语的表达风格，还能满足译语读者的期待视野。

Chinese-English Version

Just as one sows, so he reaps.

天眼恢恢^[1]，疏而不漏^[2]。

【词、句注译】

[1] 天眼恢恢：天眼看上去广阔得无边无际（the sky net is boundless）。

[2] 疏而不漏：看起来稀疏，但绝不会有漏洞（to appear to be borderless, there will never be any loopholes）。

【现代汉语译文】

天网广阔得无边无际，看似稀疏，但却绝没有遗漏之处。

【句式、话题析解与翻译建议】

此话段由四字格陈述句式构成，其中的话题是偏正结构"天眼"，具有警示隐含，劝诫人们万事不可心存侥幸。翻译成英语，可用 but 这一顺接连词将两句话连接起来，从而实现合乎逻辑的信息转换，满足目的语读者的期待视野。

Chinese-English Version

The borderless sky looks sparse, but there is no loophole in it.

见官^[1] 莫向前^[2]，做客^[3] 莫向后^[4]。

【词、句注译】

[1] 见官：见到当官的（when meeting with an official）。

[2] 莫向前：千万不要急着往前凑（not to greet him in a hurry）。

[3] 做客：到别人家做客（when paying a visit to sb. else）。

[4] 莫向后：不要往后退缩（never to withdraw）。

【现代汉语译文】

有朝一日见到当官的，千万别急着往前凑；但到别人家做客，千万不要往后退缩。

【句式、话题析解与翻译建议】

此话段由四字格对偶句式构成，其话题为动宾结构"见官"和"做客"，在这两件事情上，与后者相比，前者并不为人称道的事实显而易见。翻译成英语，把两个话题放在两个话段中，并采用两个主从复合句式予以表达，从而转达出原语的文化意义。

Chinese-English Version

When seeing an official, do not hurry to greet him.

When paying a visit to someone else, never hesitate or decline.

螳螂捕蝉 [1]，岂知 [2] 黄雀在后。

【词、句注译】

[1] 螳螂捕蝉：螳螂在捕蝉之时（when a mantis is ready to catch a cicada）。

[2] 岂知：怎会知道（how one can know）。

【现代汉语译文】

螳螂在捕蝉之时，怎会知道有黄雀在它后面想啄食它呢？

【句式、话题析解与翻译建议】

此话段由一般的陈述句式构成，其中的话题是主谓结构"螳螂捕蝉"，隐含了得与失之间存在着相互制约的关系，折射出采取行动时瞻前顾后的必要性。翻译成英语，可采用译语的主从复合句式对原语信息进行加工，凸显原语的功能，从而体现前言后语的逻辑关系，使译语读者能够跟上原语的思路。

Chinese-English Version

When a mantis is ready to catch a cicada, how can it know that a siskin is getting ready to launch an attack against it?

不求 [1] 金玉重重贵 [2]，
但愿 [3] 儿孙个个贤 [4]。

【 词、句注译 】

[1] 不求：不希望（ to prefer not ）。

[2] 金玉重重贵：家中金碧辉煌（ splendid with gold and jade at home ）。

[3] 但愿：只图（ would rather ）。

[4] 贤：有品德或才能（ noble and talented ）。

【 现代汉语译文 】

不希望家里金碧辉煌，只图儿孙个个品德高尚、才华横溢。

【 句式、话题析解与翻译建议 】

此话段由对偶句式构成，话题为偏正结构"金玉"和联合结构"儿孙"，主语具有零形式隐性蛰伏的特征，表达了大凡老一辈人都拥有共同心理期待：后辈的德行与才华最重要。翻译成英语，可采用具有比较隐含的主从复合句式，使原语中的信息与功能通过译语的形式结构得以表达，以满足目的语读者的期待视野。

Chinese-English Version

One would not show his preference for having his hall filled with splendid gold and jade rather than expect his children and grandchildren to be quite capable and virtuous.

一日夫妻，百世姻缘 [1]。
百世修来同船渡 [2]，千世修来共枕眠 [3]。

【词、句注译】

[1] 百世姻缘：数百上千年修成的姻缘（the marital linkage which is forged for hundreds of years）。

[2] 同船渡：同舟共济（to sail in the same boat）。

[3] 共枕眠：同床共枕（to get married; to live under the same roof）。

【现代汉语译文】

能成为夫妻之人，都是成百上千年修成的姻缘；夫妻之间能够同舟共济、同床共枕，全是数千年修来的福分。

【句式、话题析解与翻译建议】

此话段句式分别由四字格句对、对偶句式构成，前者的话题为偏正结构"一日夫妻"，后者是对前一话题的补充与阐释。其主语表现出零形式隐性蛰伏的特征，表达了夫妻是上苍安排的姻缘际会的道理。翻译成英语，可采用带定语从句和原因状语从句的主从复合句式进行处理，进而充分地把原语的隐喻表达出来，最大限度地以译语的语言形式结构转达原语的语言信息与功能，实现两种语言在功能和形式上的呼应，从而方便译语读者理解中国人的婚姻文化。

Chinese-English Version

A man and a woman who can become a couple are destined. So, the couple can sail in the same boat and sleep in the same bed just because their linkage is believed to have been forged for thousands of years, which enables them to join each other.

伤人一语 [3]，利如刀割 [4]。

【词、句注译】

[1] 伤人一语：说一句伤害别人的话（to say something harmful to others）。

[2] 利如刀割：与用刀割别人的肉没有区别（the same as stabbing someone with a knife to stab others）。

【现代汉语译文】

说一句伤害别人的话，与用刀割别人的肉没有区别。

【句式、话题析解与翻译建议】

此话段由四字格句对构成对偶句式，其中的话题是偏正结构"伤人语"，具有比较隐含，反映了用言语伤人无异于用利器伤人的道理。翻译成英语，可采用译语比较级的形式结构反映句中的比较关系隐含，这样译语读者会加深对其中隐喻的理解。

Chinese-English Version

To say something harmful to others is the same as stabbing others with a knife.

枯木[1]逢春[2]犹再发[3]，人无两度再少年[4]。

【词、句注译】

[1] 枯木：枯死的树木（a dead tree）。

[2] 逢春：遇到春天（when spring comes）。

[3] 犹再发：还可能发芽（to bud again）。

[4] 人无两度再少年：人只能活一辈子，不可能拥有两回少年时光（one can never get young again）。

【现代汉语译文】

枯木到了春天还有再次发芽的可能。然而，人活一辈子，拥有两回少年的时光是不可能的。

【句式、话题析解与翻译建议】

此话段由对偶句式构成，话题是偏正结构"枯木"和主谓结构"人无"，具有转折或让步隐含，反映出强烈的对照关系，分别表达了事物发展的规律和人与事物之间的本质区别。翻译成英语，将原语中的对照关系隐含表达出来极为重要，译语中的顺接连词 but 的使用可以帮助表达原语的转折隐含，即鲜明的对照关系，以此来满足译语读者的期待视野。

Chinese-English Version

Dead wood is likely to bud again when the spring comes, but a man can never become young any longer.

未晚先投宿 [1]，鸡鸣 [2] 早看天 [3]。

【词、句注译】

[1] 先投宿：先找到旅馆住下来（to put up for the night before it gets too late）。

[2] 鸡鸣：鸡叫（a cock's crow）。

[3] 早看天：抓紧时间赶路（to hurry on with one's journey）。

【现代汉语译文】

出门在外，天尚未黑就应该找到旅馆住下来；待到天明时分，鸡叫了再抓紧时间赶路。

【句式、话题析解与翻译建议】

此话段由对偶句构成，其中的话题分别是动宾结构"投宿"与"看天"，此句式具有祈使隐含，主语具有零形式隐性蛰伏的话题特征，表达了未雨绸缪的道理，时间特征明显。将其翻译成英语时，译语不妨用表时间的主从复合句式将原语的祈使功能转达出来，以满足译语读者的期待视野。

Chinese-English Version

When you are not at home, you should be ready to put up for the night before it gets too late. You need to hurry on with your journey after the cock crows at dawn.

将相额头 [1] 堪 [2] 走马，
公侯 [3] 肚里好撑船。

【词、句注译】

[1] 将相额头：将相的额顶（on a general or minister's forehead）。

[2] 堪：能够（to be able to; to have the capacity of）。

[3] 走马：跑马（to hold a horse race）。

[4] 公侯：官高位显的人（a man of high rank）。

【现代汉语译文】

将相的头顶能跑马，公侯的肚里可撑船。

【句式、话题析解与翻译建议】

此话段由对偶句式构成，其中的话题由偏正结构"额头"和"肚里"构成，这种隐喻手法不乏夸张的意味，折射了能成为公侯将相者自然具备成为公侯将相气度的道理。翻译成英语，把两句话合而为一，不拘泥于原语语言信息而注重其功能的表达最为重要。译语用陈述句式加以表达即可，不求形式对等，但求功能呼应，这样译语读者自然能理解与接受此等翻译了。

Chinese-English Version

All generals, noble men and ministers are broadminded enough.

击^[1] 石原^[2] 有火，不击乃无烟^[3]。人学始知道^[4]，不学亦徒然^[5]。

【词、句注译】

[1] 击：碰撞（to collide; to strike against）。

[2] 原：自然（naturally; in a natural way）。

[3] 无烟：没有火（without fire）。

[4] 始知道：才会明白道理（to begin to know the truth）。

[5] 徒然：白干；毫无成效（to be in vain; vainly）。

【现代汉语译文】

打火石只要相互撞击自然会迸出火星，不去撞击自然不会冒出火星。人只有通过学习才会明白道理，不学就明白不了道理。

【句式、话题析解与翻译建议】

此话段由对偶句式构成，其中的话题为动宾结构"击石"和联合结构"不学"，具有互为因果的关系。该句式体现了主语零形式隐性蛰伏的特征，前后两组句子的意义透过隐喻而建立起联系，表达了"凡事皆因果"的思想。翻译成英语，可用因果句式来表示关系，再把各话题置于各话段之中，形成既相互独立又相互照应的格局，这样译语就会变得明白晓畅了。

Chinese-English Version

Collision of two stones leads to sparks, without collision of two stones, sparks will never occur.

One understands nothing without learning anything, perception of things results from learning.

莫笑^[1]他人老，终须^[2]还到我。

【词、句注译】

[1] 笑：嘲笑（to mock at; to laugh at）。

[2] 终须：毕竟；最后都得（after all; to be sure to）。

【现代汉语译文】

别人老了不要嘲笑他，因为自己总有一天也会老。

【句式、话题析解与翻译建议】

此话段是对事实的陈述，构成对偶句式，话题为连动结构"莫笑"，具有劝诫意味和因果隐含，句式中体现出主语零形式隐性蛰伏的特征，折射出五十步莫笑一百步的道理。翻译成英语，可套用译语中的祈使句式，并作必要的语义拓展，这样译语便能折射出原语的劝诫和因果信息及原语句子结构所承载的功能，方便译语读者对原语的理解。

Chinese-English Version

Never mock at the aged because one is sure, after all, to become old at last, no matter who he is.

和得邻里 [1] 好，犹如 [2] 拾片宝 [3]。

【词、句注译】

[1] 和得邻里：同左邻右舍处理好关系（to get along well with one's neigh-borhood）。

[2] 犹如：如同（just as; just like）。

[3] 拾片宝：拾得一块宝贝（to pick up a piece of gem）。

【现代汉语译文】

同左邻右舍处理好关系，恰似拾得一块宝贝。

【句式、话题析解与翻译建议】

此话段是对事实的陈述，构成一般陈述句。话题为动补结构"和好"，表达了和睦带来好处多多的道理。翻译成英语，可由 it 形式主语引导，将两个原语的句子整合成一句简单陈述句，这样既使译语显得言简意赅，又可满足译语读者的期待视野。

Chinese-English Version

It is just like picking up a piece of gem for one to get along well with his neighborhood.

但能依本分^[1]，终须无烦恼^[2]。

【词、句注译】

[1] 但能依本分：只要做人安分守己（as long as one behaves himself）。

[2] 终须无烦恼：不管怎样都不会有烦恼（nothing sinister happens to one in all his lifetime）。

【现代汉语译文】

只要做人安分守己，他一生都不会遇到麻烦事。

【句式、话题析解与翻译建议】

此话段是对事实的陈述，具有条件隐含，体现了主语零形式隐性蛰伏的特征，表达了做人本分诸事顺的道理。翻译成英语，注意含条件的译语主从复合句的运用，借助译语的语言形式结构言简意赅地将原语信息与所隐含的功能译出来，从而方便译语读者掌握其信息，解读其功能。

Chinese-English Version

As long as one behaves oneself, no trouble will visit him all his life.

君子爱财，取之有道 [1]。

【词、句注译】

[1] 君子爱财，取之有道：君子也喜爱钱财，但获得钱财都靠正当的途径（a gentleman likes money, but he takes it properly）。

【现代汉语译文】

君子也喜爱钱财，但获得钱财都靠正当途径。

【句式、话题析解与翻译建议】

此话段是对事实的陈述，由四字格对偶句构成，其中的话题为偏正结构"君子"，具有转折隐含，说出了君子与常人无异，只是用正当手段获取钱财的道理。将此话段翻译成英语时，译语中采用含转折意味的句式可把原语所隐含的功能表达出来，如此译语读者理解起来便不再犯难。

Chinese-English Version

A gentleman likes money, but he takes it in a proper way.

人而无信[1]，不知其可[2]也。

【词、句注译】

[1] 无信：连信用都没有（not trustworthy）。

[2] 其可：能干什么（what one can do）。

【现代汉语译文】

一个人如果连信用都没有，真不知道他还能干什么事情。

【句式、话题析解与翻译建议】

此话段由一般陈述句式构成，其中的话题为偏正结构"无信"，表达了守信是做人做事的原则，具有条件隐含。将其翻译成英语时，译语用含条件的主从复合句，使言简意赅但意义深刻的原语得以充分转达。翻译要把译语读者的理解需要作为前提来考量。

Chinese-English Version

No one knows what a man can do if he is not trustworthy.

一人道好 [1]，千人传实 [2]。

【词、句注译】

[1] 道好：说人家的好话（to speak good of）。

[2] 传实：传来传去就变成真实的了（it becomes true after repeated a thousand times）。

【现代汉语译文】

一个人说好的事，不论真假，经过很多人反复说就会成为事实了。

【句式、话题析解与翻译建议】

此话段是对事实的陈述，由四字格对偶句构成，其话题是偏正词组"一人"和"千人"，反映了反复即强化的道理。将其翻译成英语时，译语可采用主从复合句式，突出重复过程的时效性，从而加深译语读者对行为反复与时间之间关系的理解。

Chinese-English Version

Well-meant advice becomes true after it is reiterated by a thousand people.

凡事^[1]要好，须问三老^[2]。

【词、句注译】

[1] 凡事：所有事（everything）。

[2] 三老：德高望重的老人（the aged who enjoy high prestige and comm-and reverence）。

【现代汉语译文】

要想办好所有事，必须向德高望重的老人请教。

【句式、话题析解与翻译建议】

此话段是对事实的陈述，构成了四字格对偶句式，具有条件隐含，其中的话题为偏正结构"凡事"，道出了办好事情都离不开经验的道理。译成英语采用具有条件隐含的主从复合句，既可顺应译语的语法规范，又能将原语所承载的信息与功能加以转达，从而满足译语读者的期待视野。

Chinese-English Version

If he wants to have something done well, one must ask for advice from the aged who enjoy high prestige and command universal reverence.

若争小可 [1]，便失大道 [2]。

【词、句注译】

[1] 小可：小事（an unimportant matter; something minor）。

[2] 大道：要事（something very important; something major）。

【现代汉语译文】

在一些小事上斤斤计较，便会失去重要的东西。

【句式、话题析解与翻译建议】

此话段是对事实的陈述，构成四字格对偶句，此句式有条件隐含的意味。其中的话题为偏正结构"小可"，此句折射出不要因小失大的道理。翻译成英语，逐词翻译显然不足取，可以考虑使用具有条件隐含的主从复合句式，这样能把原语的语言信息与功能隐含转达出来，从而符合目的语读者的阅读习惯。

Chinese-English Version

If he is excessively mean in dealing with something minor, one is certain to lose something very important.

年年防饥 [1]，夜夜防盗 [2]。

【词、句注译】

[1] 防饥：防备闹饥荒（to remain preventive against starvation）。

[2] 防盗：提防盗贼（to be alert to burglary）。

【现代汉语译文】

每年都要防备闹饥荒，每天夜里都要提防盗贼。

【句式、话题析解与翻译建议】

此话段是对事实的陈述，构成四字格句对的对偶句，其话题为联合结构"年年"和"夜夜"，此句式具有祈使隐含，表达了防饥防盗应当常抓不懈的道理。将其翻译成英语时，译语采用两个陈述句式，保持两种语言结构上的对应，实现译语和原语在信息与功能上的相互对应，译语读者也因此而受益。

Chinese-English Version

Every year one should remain preventive from starvation, every night one should be alert to burglary.

好学者^[1]如禾如稻，不学者如蒿如草^[2]。

好学者^[1]如禾如稻，不学者如蒿如草^[2]。

【词、句注译】

[1] 好学者：爱好学习的人（a person who is fond of learning）。

[2] 如蒿如草：如蒿草一样（useless wormwood）。

【现代汉语译文】

爱好学习的人被看成如同禾苗稻谷那样令人喜爱；不爱学习的人则被视作蒿草令人不屑。

【句式、话题析解与翻译建议】

此话段由对偶句式所构成，其中的话题由偏正结构"好学者"与"不学者"构成，具有对比隐含，传达了爱好学习者令人珍爱、不爱学习者令人不屑的含义。翻译成英语，可采用译语表对比关系的 while 一词进行连接，用定语从句描述其中的行动者，将原语中语言信息及其所隐含的功能传递给译语读者就成为可能。

Chinese-English Version

A person who is fond of learning is usually looked upon as a useful rice seedling while a person who is not interested in learning is normally regarded as useless wormwood.

遇 [1] 饮酒时须饮酒，得 [2] 高歌处且高歌。

【词、句注译】

[1] 遇：碰到；遇到（when one encounters ... ）。

[2] 得：需要（when one is allowed to ... ）。

【现代汉语译文】

需要你饮酒的场合你就得畅饮一场；需要你欢歌之处就得扯开嗓门高歌一曲。

【句式、话题析解与翻译建议】

此话段由对偶句式构成，动宾结构"饮酒"与"高歌"为此句式中的两个话题，其中的条件隐含十分明了，表达了积极随性的人生态度。翻译成英语，可用译语的 when 引导两个主从复合句，这样译语读者的期待视野应能够得到满足。

Chinese-English Version

When you are given a chance to drink, drink until all bottoms are up; when you are allowed a chance to sing a song, sing it to your heart's content.

因 [1] 风吹火，用力不多。

【词、句注译】

[1] 因：借着、凭借、顺势（with; by means of）。

【现代汉语译文】

顺着风力吹火，无须太费力气。

【句式、话题析解与翻译建议】

此话段是对事实的陈述，构成四字格句对的对偶句，其中的话题为动宾结构"因风"，此句式具有条件隐含的意味，表达了善于借力的重要性。翻译成英语，务必把原语中的条件隐含转达出来，不妨采用具有条件隐含的主从复合句式，以最大限度地满足译语读者的期待视野。

Chinese-English Version

You will find it easy to ignite something with the downward wind without making an extra effort.

不因 [1] 渔父 [2] 引，怎得 [3] 见波涛。

【词、句注译】

[1] 不因：不借助（without the help of; not to draw support from）。

[2] 渔父：渔翁（a fisherman）。

[3] 怎得：怎么能（how can ...）。

【现代汉语译文】

没有渔翁引导，怎能见到大海的汹涌波涛。

【句式、话题析解与翻译建议】

此话段由一般的陈述句式构成，话题是动宾结构"见波涛"，本句式也体现了主语零形式隐性蛰伏的特征，表明年轻人应当吸取前人的经验，免得走不必要的弯路的道理。翻译成英语，要把原语中的比喻义转达出来，可采用译语中表条件的介词短语来体现原语的功能，这样对于译语读者而言，理解就不会有什么难处了。

Chinese-English Version

Without an experienced fisherman's guidance, how can you see the billowy waves at sea?

无求 [1] 到处人情好 [2]，不饮任 [3] 他酒价高。

【词、句注译】

[1] 无求：不随便求别人帮助（not to seek for help from others）。

[2] 到处人情好：人际关系不好才怪呢（one's personal relationship with others must be good for sure）。

[3] 任：不管、任凭（no matter how...; no matter whether...）。

【现代汉语译文】

不随便求别人帮助的人，他的人际关系不好才怪呢；酒，你要是不去喝它，它的价格与你何干。

【句式、话题析解与翻译建议】

此话段由一个对偶句式组成，其中的话题为连动结构"无求"和"不饮"，具有条件隐含，表达了无欲无求自然不会有什么烦恼的道理。将其翻译成英语时，译语采用具有条件隐含的主从复合句是首先要考虑的，其次要把不同的话题置于不同的话段之中，才能够较为理想地转达原文所蕴含的语言信息与功能并与译语的信息和功能呼应，为译语读者的正确理解打牢基础。

Chinese-English Version

If one does not seek for frequent help from others, his personal relationship with others must be good enough for sure.

No matter how high the price of alcohol is, it has nothing to do with one if he does not like drinking.

强^[1]中更有强中手^[2]，恶人^[3]须用恶人磨^[4]。

【词、句注译】

[1] 强：强大的人（a powerful man）。

[2] 强中手：更强大的人（the stronger ones）。

[3] 恶人：坏人（vile creatures）。

[4] 须用恶人磨：一定让更坏的人来对付他（to be frustrated by those who are more vile）。

【现代汉语译文】

强者面前自然还有更强大的人；坏人一定要让更坏的人来对付他。

【句式、话题析解与翻译建议】

此话段由对偶句式构成，其中的话题为偏正结构"强中手（强人）"和"恶人"，具有被动隐含，表达了这个世界上一定存在着天外有天、相生相克的关系。翻译成英语，采用译语的存在句型，然后把被动隐含转述出来，借助译语的形式结构把原语的语言信息与所含的功能一一表达出来。把不同的话题置于不同的话段之中，这就使译语读者的认知需要得到满足，译语读者对原语的理解就能水到渠成了。

Chinese-English Version

Among the strong, there must be many other stronger ones; vile creatures must suffer from those who are more vile.

会使^[1] 不在家豪富^[2]，风流^[3] 不在着衣多^[4]。

【词、句注译】

[1] 会使：调度有方的人（a person who is expert at management）。

[2] 家豪富：家中财富（treasures at home）。

[3] 风流：风流倜傥的人（natural or unrestrained people）。

[4] 着衣多：衣服是否华丽（whether they wear brilliant clothes or not）。

【现代汉语译文】

调度有方的人不在于他家中有多少财富；风流倜傥的人不在于他穿的衣服是否华丽。

【句式、话题析解与翻译建议】

此话段由对偶句式构成，其中的话题分别为动补结构"会使"和主谓结构"风流"，表达了调度有方、风流倜傥不完全取决于外部的因素而更多取决于内在修为的道理。翻译成英语，首先要借助译语的语言结构把原语的信息与功能转述出来，其次把不同的话题置于不同的话段之中，这样才有可能使译语读者的期待视野得到满足。

Chinese-English Version

Those who are expert at management do not need to rely on their treasures at home.

Talented and admirable people do not need to depend on how many brilliant clothes they wear.

光阴 [1] 似箭 [2]，日月如梭 [3]。

【词、句注译】

[1] 光阴：时光（time）。

[2] 似箭：像飞箭般地流逝（to elapse like a flying arrow）。

[3] 如梭：织布机上的梭子（a moving shuttle on a weaver）。

【现代汉语译文】

时光荏苒就像飞箭般流逝，日月更迭就如同织布机上的梭子来回穿梭。

【句式、话题析解与翻译建议】

此话段是对自然现象的陈述，构成四字格句对的对偶句，具有隐喻隐含，其中的话题是联合结构"光阴""日月"，提醒人们时不我待的深刻道理。将其翻译成英语时，句式方面可通过直译的方式将原语的语言信息与功能表达出来，然后，在译语中找到对应的隐喻表达法，这于译语读者的理解恐怕不无助益。

Chinese-English Version

Time elapses just like a flying arrow; change of seasons is like a moving shuttle on a weaver.

天时 [1] 不如地利 [2]，地利不如人和 [3]。

【词、句注译】

[1] 天时：自然气候条件好（suitable natural climatic conditions）。

[2] 地利：地理优势（favorable geographical advantages）。

[3] 人和：人心团结（joint hearts）。

【现代汉语译文】

自然气候条件好不如拥有地理优势，拥有地理优势不如人心团结。

【句式、话题析解与翻译建议】

此话段由对偶句式构成，其话题是偏正结构"天时"和"地利"，具有对比隐含，表达了无论个体还是集体，成就一番事业离不开各种客观条件，而人际关系最为关键的道理。翻译成英语，采用比较级的形式反映比较的内在关系，进而使原语的内涵在目的语中得到贴切的表达，以便满足目的语读者理解的需要。

Chinese-English Version

Natural climatic conditions are incomparable with favorable geographical advantages whereas favorable geographical advantages are not necessarily so good as unity of hearts.

黄金未为^[1]贵，安乐^[2]值钱多。

【词、句注译】

[1] 未为：未必是（not necessarily true）。

[2] 安乐：平安快乐的生活（one's peaceful and happy life）。

【现代汉语译文】

黄金未必是最值得珍惜的；平安快乐的生活才是最值得珍视的。

【句式、话题析解与翻译建议】

此话段由对偶句式构成，其话题包括偏正结构"黄金"和"安乐"，具有转折或比较隐含，表达了物质未必代替得了精神的道理。翻译成英语，为了两种语言信息对接得更为紧密，采用含比较级的句式，由 whereas 这一含转折意义的连词引导，把两种对比关系连接起来，使译语的语言结构与原语的信息与功能形成呼应成为可能，以利于译语读者的理解。

Chinese-English Version

Gold is not so precious as it is often the case whereas something more precious is one's peaceful and happy life.

世上万般^[1]皆下品^[2]，
思量^[3]惟有^[4]读书高^[5]。

【词、句注译】

[1] 万般：人世间一切行业（all professions under the sun; all walks of life）。

[2] 皆下品：都是低下的（beneath notice; inferior）。

[3] 思量：想来想去（think over and over）。

[4] 惟有：只有（only; merely）。

[5] 读书高：读书求知才高贵（to acquire knowledge and expertise is superior）。

【现代汉语译文】

人世间一切行业都是低下的，只有读书求知才是最高贵的。

【句式、话题析解与翻译建议】

此话段由陈述句式构成，也是对偶结构，其中的话题是偏正结构"万般"和连动结构"思量"，反映了读书、求知至上的情怀。翻译成英语，采用紧缩的方式把两句话合而为一就使译文显得精练，借助译语的 but 这一表转折的顺接连词折射出原语中的对比关系，这样既可忠实地再现原语的功能，又能满足译语读者的理解与接受要求。

Chinese-English Version

In this world, nothing but acquiring or becoming pregnant with knowledge is rated as something superb the while.

世间好语^[1] 书说尽^[2]，
天下名山僧占多^[3]。

【词、句注译】

[1] 世间好语：人世间的好话（good words under the sun）。

[2] 书说尽：全让书本说完了（to be exhausted in books）。

[3] 天下名山僧占多：天下的名山大多被僧人所占据（most of well-known mountains on the earth are occupied by monks）。

【现代汉语译文】

人世间的好话书里都已经说完了；天下的名山大多被僧人所占据。

【句式、话题析解与翻译建议】

此话段由对偶句式所构成，其中的话题由偏正结构"好语"和"名山"所组成，高度概括了现实生活中的真实现象。翻译成英语，可采用两个并列陈述句进行分述，借助译语的语言结构来表达原语的信息与功能，即用译语中人们所熟知的现象去取代原语中类似的现象，这样译语读者对原语所包含的信息与功能的认同度会大大增加。

Chinese-English Version

Good words under the sun are exhausted in books; most of well-known mountains on the earth are occupied by monks.

为善 [1] 最乐，为恶 [2] 难逃 [3]。

【词、句注译】

[1] 为善：做好事（doing good deeds）。

[2] 为恶：做坏事（doing something evil）。

[3] 难逃：难逃罪责（to make a man guilty all the time）。

【现代汉语译文】

只有做好事才使人最快乐；一旦做了坏事就难逃罪责了。

【句式、话题析解与翻译建议】

此话段由四字格对偶句构成，动宾结构"为善"和"为恶"构成了本话段的话题，具有转折或对照隐含，表达了行善快乐、行恶受惩的基本道理，表述简洁而浅显。翻译成英语，可通过译语的连接词 but 连接前后两个句子，使原语的语言信息与功能得以充分表达，表达言简意赅，译语读者阅读时会因此而受益。

Chinese-English Version

Doing good deeds makes a man happy, but committing something evil makes a man guilty all his life.

羊有跪乳 [1] 之恩 [2]，鸦有反哺 [3] 之义 [4]。

【词、句注译】

[1] 跪乳：跪着吃奶（to kneel on one's knees to suck milk）。

[2] 恩：恩情（loving-kindness; a debt of gratitude）。

[3] 反哺：反过来哺育（to feed the old in return）。

[4] 义：情义（affection; ties of friendship）。

【现代汉语译文】

幼羊跪着吃奶以报答母亲的恩情；年轻乌鸦有反哺老乌鸦的情义。

【句式、话题析解与翻译建议】

此话段由对偶句式所构成，其中的话题为"羊"与"鸦"，表达了羔羊和幼鸦对长辈本能的感情和义务，是对人伦道德的折射。将其翻译成英语时，译语采用表因果关系的句式去表达，可较为充分地将原语所隐含的信息与功能表达出来；把不同的话题置于不同的话段之中，有助于原语句式的意义更清楚明白地表达，从而使译语读者的期待视野最大限度地得到满足。

Chinese-English Version

A lamb kneels on its knees to suck milk because it is born to be respectful to its mother.

A young crow shows its affection through feeding the old ones in return.

你急^[1]他不急，人闲^[2]心不闲。

【词、句注译】

[1] 急：着急（to feel anxious; to be vexed）。

[2] 闲：悠闲（to feel idle; to idle）。

【现代汉语译文】

你着急，但他并不着急；表面看很悠闲，内心却并不悠闲。

【句式、话题析解与翻译建议】

原语为两个并列陈述句，形成了对立关系，其中有转折或对比隐含，分别反映了着急与悠闲彼此对立的两种情绪。翻译成英语，不妨采用译语的并列句式，但在表达对立关系时，原语所蕴涵的转折意义不容有失，but 的使用将有助于这一问题的解决，这既可以实现两种语言形式的对应，又可以表达出原语的转折或对比蕴涵。两组隐含转折或对比关系的并列句式足以顺应译语读者的期待视野。

Chinese-English Version

One may feel anxious, but another should look calm; one may look calm in appearance, but he actually feels anxious in his innermost.

妻贤 [1] 夫祸少 [2]，子孝 [3] 父心宽 [4]。

【词、句注译】

[1] 妻贤：妻子贤惠（if the wife is quite virtuous ... ）。

[2] 夫祸少：丈夫的灾祸就很少（the husband is sure to be far away from disasters / misfortunes）。

[3] 子孝：儿子孝顺（if a son is filial... ）。

[4] 心宽：心里很宽慰（be sure to feel consolated）。

【现代汉语译文】

妻子贤惠，丈夫的灾祸就很少；儿子孝顺，父亲就会很宽慰。

【句式、话题析解与翻译建议】

此话段由对偶句式所构成，其话题由主谓结构"妻贤"和"子孝"构成，具有条件隐含，表达了妻贤子孝是家庭幸福基石的道理。翻译成英语，用两个并列句分述两个话题的意义，把原语中所隐含的条件通过含条件的主从复合句式进行翻译，这恐怕是译语读者所希望看到的。

Chinese-English Version

If the wife is quite virtuous, her husband is sure to be far away from disasters; if a son is quite filial, his father is sure to feel consolated.

人生知足何时足 [1]，到老偷闲且自闲 [2]。

【词、句注译】

[1] 知足何时足：什么时候才能够觉得满足（what time can you feel contented in your life）。

[2] 到老偷闲且自闲：在年老的时候该挤出时间颐养天年了（to take good care of oneself when one is old）。

【现代汉语译文】

人的一辈子什么时候才能够觉得满足呢？为什么不在年老的时候挤出时间来颐养天年？

【句式、话题析解与翻译建议】

此话段由陈述句式构成，其中的话题为偏正结构"人生"，重点表达的是颐养天年的重要性。翻译成英语，用译语的设问或反问去转达原语的疑问隐含，可使蕴含其中的意义变得明了，再辅以多重主从复合句式转达出原语较为深刻的内涵，从而满足译语读者的期待视野。

Chinese-English Version

Tell me what time you can feel contented in your life.

When you are old, why do you not take leisure time to care yourself in spite of the fact that you might still be very busy?

但有^[1]绿杨^[2]堪^[3]系马，
处处有路^[4]通长安^[5]。

【词、句注译】

[1] 但有：如有（if there be; in case）。

[2] 绿杨：绿杨树（a green poplar）。

[3] 堪：能够（to be capable of; to be able to; can）。

[4] 处处有路：条条道路（roads here and there）。

[5] 通长安：到达长安城（to lead to Chang'an City）。

【现代汉语译文】

如果处处有绿色杨树可以拴得住马匹，那条条道路都可以通往长安城了。

【句式、话题析解与翻译建议】

此话段由对偶句式构成，其中的话题有偏正结构"绿杨"和动宾结构"有路"，具有条件隐含，表达了信心豪迈的情绪。翻译成英语，通过译语的条件句式进行转化，原语的功能便可得以清晰的表达，将话题置于不同的话段之中，适当增加与此相关的信息，不仅可以使原语信息充分得以传输，还能完善句子的结构，收到意想不到的效果，为译语读者的理解消除障碍。

Chinese-English Version

If there is a green tree, you can tie your horse to it; every road leads to Chang'an City, you may agree with me.

既坠釜甑 [1]，反顾何益 [2]？已覆 [3] 之水，收 [4] 之实难。

【词、句注译】

[1] 既坠釜甑：既然瓦罐掉地打碎了（an earthen jar dropped onto the ground and broke）。

[2] 反顾何益：再回头看还有何用呢？（what is the significance to look closely at it again?）

[3] 已覆：已经泼掉的（spilt）。

[4] 收：收起来（to collect something up）。

【现代汉语译文】

既然瓦罐已经掉在地上打碎了，再回头看还有什么意义呢？已经泼在地上的水，再收起来实在太难了。

【句式、话题析解与翻译建议】

此话段由两组四字格构成，其话题由联合结构"釜甑"和偏正结构"覆水"组成，反映的是事已至此，后悔无益的事实。将其翻译成英语时，很大程度上，各自话题表述的是不同的内容，将其置于不同的话段之中是合适的，同时，用虚拟条件句式对其中的条件隐含进行表达或用译语成语直接进行翻译，使原语的功能在译语中较为充分地再现出来，译语读者的期待视野想必是可以得到满足的。

Chinese-English Version

If an earthen jar dropped onto the ground and broke into pieces, what would the significance be for you to look closely at it again?

It is no use crying over the spilt milk.

见者^[1] 易，学者^[2] 难。

【词、句注译】

[1] 见者：站立一旁看别人做事（an on-looker to watch another person finish doing a thing）。

[2] 学者：亲自学着做事的人（a person who learns to do something himself）。

【现代汉语译文】

站立一旁，看别人做事觉得很容易，一旦自己上阵做起来就会感觉很困难。

【句式、话题析解与翻译建议】

此话段由一个对偶句构成，话题是动宾结构"见者""学者"，具有转折隐含，表达了站着看与自己亲自做有天壤之别的道理。翻译成英语，借助译语的形式结构将原语语言所含的信息与功能进行转化，使两种语言不仅在形式上，而且在功能上实现呼应。形式主语句以及含转折关系的顺接连词 but 引导的句式均可使用，以满足译语读者的理解需要。

Chinese-English Version

It is easy for an on-looker to watch another person finish doing a thing without making efforts. But once he does it himself, he is sure to feel it hard to do it.

道路各别 [1]，养家一般 [2]。

【词、句注译】

[1] 道路各别：人生道路各不相同（the path that each man passes is different）。

[2] 一般：一样的（the same）。

【现代汉语译文】

虽然每个人的人生道路不同，但共同的目标都是为了养家糊口。

【句式、话题析解与翻译建议】

此话段由四字格句对构成对偶句式，其中的话题为联合结构"道路"和动宾结构"养家"，具有让步或转折隐含，反映了养家方面的殊途同归现象。将其翻译成英语时，在译语中可用顺接连词 but 引导出并列句式，去承接原语的转折隐含，即用译语的语言形式结构去转换原语的信息与功能，这对于帮助译语读者的理解是较为可取的。

Chinese-English Version

The path that each man travels is not the same, but the goal is the same, that is to rear a family.

从俭入奢易 [1]，从奢入俭难 [2]。

【词、句注译】

[1] 从俭入奢易：由俭朴到奢侈很容易（it is easy for one to live from simplicity to extravagance）。

[2] 从奢入俭难：由奢侈再回到俭朴就很难（it is difficult for one to live from extravagance to simplicity）。

【现代汉语译文】

由俭朴到奢侈很容易，由奢侈再回到俭朴就难了。

【句式、话题析解与翻译建议】

此话段由对偶句式构成，话题包括连动结构"从俭入奢"和"从奢入俭"，具有对比隐含，是对"从俭入奢易""从奢入俭难"相互对立两个方面的描述。翻译成英语，用译语表对比的结构来转达原语的对比意义，以便满足译语读者理解的需要。

Chinese-English Version

It is easy for one to live from simplicity to extravagance, but it is too difficult for one to live from extravagance to simplicity.

知音 [1] 说与 [2] 知音听，不是知音莫与谈 [3]。

【词、句注译】

[1] 知音：知心的话（a heart–to–heart talk）。

[2] 说与：只能说给（to share heart–felt talk only with...）。

[3] 莫与谈：不去跟他说（never have a heart–to–heart talk with sb. else）。

【现代汉语译文】

知心的话只能说给知心人听，与不是知心的人倾心而谈就大可不必了。

【句式、话题析解与翻译建议】

此话段为对偶句式，其中的话题是偏正结构"知音"，具有转折与条件隐含，从侧面反映了不能对牛弹琴的道理。翻译成英语，不妨采用译语的顺接连词 but 建立起转折关系，从而将原语中的条件隐含通过译语的 if 引导出来，并通过译语的形式结构加以表现，这样译语的接受度自然不低。

Chinese-English Version

You can have a heart-to-heart talk with your bosom friend(s) only, but you can never have a heart-felt talk with a man if he is not your confidant.

点石化为金 [1]，人心犹不足 [2]。

【词、句注译】

[1] 点石化为金：把石头点化为金子（to turn a stone into gold by touching）。

[2] 人心犹不足：人的欲望还是无法满足（one's desire still can hardly be fed up）。

【现代汉语译文】

即使能把石头点化成金子，人的欲望还是无法满足。

【句式、话题析解与翻译建议】

此话段由对偶句构成，其话题分别为动宾结构"点石"和偏正结构"人心"，具有让步隐含，是对沟壑难填或人心不足蛇吞象现象的形容。翻译成英语，关键在于使用带让步句式的主从复合句有效地使原语中的转折功能得到体现，使译语读者的期待视野得以满足。

Chinese-English Version

Even if every stone can be turned into gold, one's desire can still never be fed up.

信 [1] 了肚，卖 [2] 了屋。

【词、句注译】

[1] 信：听从（to meet the desire for）。

[2] 卖：卖掉（to sell）。

【现代汉语译文】

整天吃香的、喝辣的，即便卖了房子也满足不了。

【句式、话题析解与翻译建议】

此话段由陈述句式构成，其话题是动宾结构"信肚"，虽寥寥数语，却具有条件隐含，形容贪吃可以使人贫穷的道理。翻译成译语，首先要挖掘其中的假设隐含，可采用含条件的主从复合句式将原语进行转换，以满足译语读者的期待视野。

Chinese-English Version

If he does nothing but meets his desire for delicious food every day, still he cannot meet such a desire even if he sells his house some day.

谁人不爱^[1]子孙贤^[2]，谁人不爱千钟粟^[3]，奈^[4]五行^[5]，不是这般题目^[6]。

【词、句注译】

[1] 爱：愿意；期待（to intend; to expect）。

[2] 贤：有出息（promising）。

[3] 千钟粟：大量的粮米（a great amount of grain）。

[4] 奈：无奈；奈何（It is a pity that...）。

[5] 五行：仁、义、礼、智、信（benevolence, justice, the rules of propriety, intelligence and fidelity）。

[6] 不是这般题目：五行之中不包括这些内容（to be exclusive of these five elements）。

【现代汉语译文】

谁不愿意自己的儿孙有出息，谁不希望家里存放着大量的粮米，可是仁、义、礼、智、信这五行中并不包括这些内容。

【句式、话题析解与翻译建议】

此话段中，前半部分由对偶句式构成，后半部分则由一般陈述句式构成。前者的话题为偏正结构"谁人"，后者则是"五行"，描述了养儿育女、操持家业与五行格格不入的道理。翻译成英语，前半部分采用设问，后半部分用陈述句，把不同的话题置于不同的话段中，以满足译语读者的认知需要。

Chinese-English Version

Who does not expect his descendants to be promising.

Who does not hope that his house is filled with a great amount of grain.

But it is a pity that the five principles of benevolence, justice, the rules of propriety, intelligence and fidelity do not include what is mentioned previously.

莫把真心空计较^[1]，儿孙自有^[2]儿孙福^[3]。

【词、句注译】

[1] 莫把真心空计较：不要为某人的前途枉费心机（not to rack one's brains in vain for someone）。

[2] 自有：自然有（to be bound to have）。

[3] 福：福气（good luck）。

【现代汉语译文】

不要为子孙们的前途枉费心机，他们自然有他们的福气。

【句式、话题析解与翻译建议】

此话段由对偶句式构成，其话题由偏正结构"真心"和联合结构"儿孙"组成，具有因果关系隐含，重点体现了长辈不必为儿孙的前途操劳的道理。翻译成英语，可沿用译语的因果关系句，将原语的因果关系隐含体现出来，以引导译语读者对原语的正确理解。

Chinese-English Version

Do not vainly rack one's brains for his sons or grandsons' future because they have their own good luck.

但有好事^[1]，莫问前程^[2]。

【 词、句注译 】

[1] 但有好事：只要把事做好了就行（only to do things well）。

[2] 莫问前程：别问完事后是否有报酬（to ask nothing about whether you will be rewarded or not）。

【 现代汉语译文 】

只要把事做好就行了，别问完事后是否有报酬。

【 句式、话题析解与翻译建议 】

此话段由四字格陈述句式构成，其话题为动宾结构"但有好事"，表达了做好事不计回报的价值观。翻译成英语，用译语的陈述句式取代原语的陈述句式理应是不错的选择，因为这样的翻译不仅使句子结构简洁，还使句子意思明了，以利于加深译语读者对原语的理解。

Chinese-English Version

It will be quite good for one to do things well without asking about whether he will be rewarded or not.

河狭^[1] 水急^[2]，人急^[3] 智生^[4]。

【 词、句注译 】

[1] 河狭：河道窄（a narrow river course）。

[2] 水急：水流湍急（the current runs abruptly）。

[3] 急：着急（hasty; to feel vexed）。

[4] 智生：想出智谋（wits work）。

【 现代汉语译文 】

河道狭窄，水流湍急，这是再自然不过的事情；急中生智，人之本能，此事也再正常不过了。

【 句式、话题析解与翻译建议 】

此话段由四字格对偶句构成，其中的话题为主谓结构"水急""人急"，其中的隐喻表达十分明显，用前者的物理现象喻指后者的心理现象，实现两者之间的相互映射，描写了人急计生的本能。翻译成英语，采用并列复合句式，将原语中的隐喻恰切地表达出来，最大限度地实现呼应，使译语读者受益匪浅。

Chinese-English Version

Water running in a narrow river course dashes very abruptly; a man's wit works immediately at the critical moment.

明知 [1] 山有虎，莫向 [2] 虎山行。

【词、句注译】

[1] 明知：明明知道（to be clearly aware that ... ）。

[2] 莫向：别向（not to go in the direction of ）。

【现代汉语译文】

明明知道山里有猛虎，还再上山去就是你的不是了。

【句式、话题析解与翻译建议】

此话段由对偶句式构成，其中的话题由动宾结构"有虎"与动补结构"莫向"构成，具有因果关系、警示意义隐含，句子的主语具有零形式隐性蛰伏型的特征，表达了在危险面前莫轻率的劝诫。翻译成英语，选择使用译语的因果句式去复制原语的因果关系无疑是恰当的，这样的翻译有助于目的语读者更好地理解原语。

Chinese-English Version

Since you are formally warned that there are tigers in the mountain, it is your fault to go into the mountain again.

路不行不到^[1]，事不为不成^[2]；人不劝不善^[3]，钟不打不鸣^[4]。

【词、句注译】

[1] 路不行不到：道路不走就走不到尽头（roads can never be covered without being travelled）。

[2] 事不为不成：事情没去做就不会成功（things cannot be finished with nobody doing them）。

[3] 人不劝不善：人不劝导不会学好（a man can never become a good one without being given advice）。

[4] 钟不打不鸣：钟没人敲打不会发出响声（a bell does not make any sound without being struck）。

【现代汉语译文】

正像道路没人修它就不会平坦一样，事情没去做也就不会成功了；一个人没有别人去劝导不会学好，就像钟没人敲打它不会发出响声一个道理。

【句式、话题析解与翻译建议】

此话段由两个对偶句式构成，其中的话题分别是名词"路""事""人"和"钟"，从原语句式判断，条件关系并不明显，但实际不然。说者采用了隐喻手段，形象生动地揭示了事物彼此间的相互联系。翻译成英语，可采用英语条件句去转达出原语中隐含的条件关系，因为这种做法有助于译语读者正确地解读原语。

Chinese-English Version

Just as roads can never be covered without being travelled, so one can never be successful without doing anything; A man can never become a good one without being given advice just as a bell does not make any sound without being struck.

无钱方断酒 [1]，临老始看经 [2]。

【词、句注译】

[1] 无钱方断酒：没钱的时候才想到戒酒（to abandon alcohol when one lacks money）。

[2] 临老始看经：上了年纪才开始阅读经书（to begin to study Buddhist scripts when too old）。

【现代汉语译文】

正如没钱的时候才想到戒酒为时已晚，与上了年纪才开始阅读经书是一个道理，为时已晚了。

【句式、话题析解与翻译建议】

此话段由对偶句式构成，其中的话题为动宾结构"无钱"、动补结构"临老"，具有类比隐含，表达了为时已晚，不如不做的道理。翻译成英语，要突出时间概念，采用形式主语句与含时间状语的主从复合句式来加以表达就能够较好地转达出原语的劝诫隐含，有利于从结构上使原语的功能在译语中得到反映，为译语读者提供便利。

Chinese-English Version

It is too late for one to abandon alcohol when he lacks money; it is too late for one to begin to study Buddhist scripts when he is too old.

点塔七层 [1]，不如暗处 [2] 一灯。

【词、句注译】

[1] 点塔七层：把七层宝塔的灯都点亮（to light up all lamps in a tower of seven-stories）。

[2] 暗处：在黑暗处（in a dim place）。

【现代汉语译文】

把七层宝塔的灯都点亮，不如在黑暗处点亮一盏灯。

【句式、话题析解与翻译建议】

此话段由陈述句式构成，其中动宾结构"点塔"为本话段的话题，有着隐喻蕴涵，折射出灯的作用无非是为了照明，灯在暗处的作用要远胜于在宝塔上的作用，灯在宝塔上只是装饰，并没有什么实际用途，其中的比喻隐含十分突出。翻译成英语，可通过译语比较句式把原语中的比喻隐含加以表现，译语的 not so...as 结构有助于揭示原语的比较隐含，使英语译文更加贴切。

Chinese-English Version

Lighting up all lamps on the seven-storied tower is not so useful as lighting a lamp in a dim place.

万事^[1]劝人休瞒昧^[2]，
举头三尺^[3]有神明^[4]。

【词、句注译】

[1] 万事：一切事情、凡事（everything）。

[2] 休瞒昧：不要欺上瞒下（to deceive nobody）。

[3] 举头三尺：抬头三尺高的地方（wherever）。

[4] 神明：神灵（gods; divinities）。

【现代汉语译文】

奉劝人们凡事都不要欺上瞒下，人们的一举一动没有神灵不知道的。

【句式、话题析解与翻译建议】

此话段由对偶句式构成，其话题由偏正结构"万事"和动宾结构"举头"组成，因果关系隐含其中，表达了欲要神不知，除非己莫为的道理。翻译成英语，不妨运用表因果关系的主从复合句式来转达原语中的因果隐含，使原语字里行间的内涵得以转达。

Chinese-English Version

Whenever he does something, one should do nothing deceptive, since gods are clearly aware of whatever he does.

众星 [1] 朗朗 [2]，不如 [3] 孤月独明 [4]。

【词、句注译】

[1] 众星：众多星星（starry stars）。

[2] 朗朗：耀眼（bright）。

[3] 不如：抵不上（not as ... as...）。

[4] 独明：不可超越的亮光（light which cannot be outshone）。

【现代汉语译文】

众多星光再耀眼，也抵不上一个月亮的亮光。

【句式、话题析解与翻译建议】

此话段由陈述句式构成，其中的话题为偏正结构"众星"，具有比较隐含，渲染了月亮独占鳌头的情境与事实。从原语信息来看，翻译成英语，用译语的动词 outshine 来描写十分贴切，并可将原语的两个句子合而为一，使译语显得言简意赅，有助于译语读者理解能力的提升。

Chinese-English Version

Many starry stars cannot outshine the moon.

合理^[1]可作^[2]，小利^[3]莫争。

【词、句注译】

[1] 合理：合情合理的事（something reasonable）。

[2] 可作：可以去做（can do）。

[3] 小利：蝇头小利（minor profits）。

【现代汉语译文】

合情合理的事是可以去做的，蝇头小利就不要去争了。

【句式、话题析解与翻译建议】

此话段由四字格对偶句式构成，动宾结构"合理"与偏正结构"小利"构成了本话段的话题，具有祈使隐含，表达了合理做事、不贪图小利的警示。翻译成英语，用陈述句式代之于祈使句式，用 but 这一顺接连词完成译语句式的构建，使译语结构也显得简洁明了，从而满足译语读者的期待视野。

Chinese-English Version

One can do something reasonable but should never compete for minor profits.

牡丹花大 [1] 空入目 [2]，枣花虽微结实成 [3]。

【词、句注译】

[1] 牡丹花大：牡丹花的形体很大（a peony looks really big）。

[2] 空入目：仅供观赏（... just for view and admiration only）。

[3] 结实成：结出果实（to bear fruit）。

【现代汉语译文】

牡丹花固然很好，但仅供观赏；枣花虽然很小，却能结出果实。

【句式、话题析解与翻译建议】

此话段由对偶句式构成，其中的话题由偏正结构"牡丹花"与"枣花"组成，对比隐含尤为明显，表达了好看未必实用、实用未必好看的道理。翻译成英语，注意对比隐含的揭示，用表转折关系的顺接连词 whereas，把两者的对比关系凸显出来，使译语读者明了其中的深刻内涵。

Chinese-English Version

A peony looks really nice but it is for admiration only whereas a date flower is small but can bear fruit.

随分^[1] 耕锄^[2] 收地利^[3]，
他时饱暖^[4] 谢苍天^[5]。

【词、句注译】

[1] 随分：按照农时节令（according to farming seasons）。

[2] 耕锄：种植（to plant seedlings）。

[3] 收地利：收获庄稼（harvest）。

[4] 他时饱暖：饭饱身暖之时（when full and warm）。

[5] 谢苍天：感谢老天（to show one's thankfulness to the Heaven）。

【现代汉语译文】

按照农时节令种植收获庄稼，饭饱身暖之时千万别忘感谢老天。

【句式、话题析解与翻译建议】

此话段由含对偶的陈述句式构成，其中的话题由联合结构"耕锄"与"饱暖"组成，具有祈使隐含，表达了遵守耕作规律自然饱暖无忧的主题思想。翻译成英语，运用译语祈使句去呼应原语中隐含的劝诫功能，既在结构上使译语和原语形成呼应，又使原语的功能得到反映，这样译语读者的理解就不再困难了。

Chinese-English Version

Please plant seedlings and harvest crops according to farming seasons, and never forget to express your thankfulness to the Heaven when you are full and warm.

得忍且忍^[1]，得耐且耐^[2]；不忍不耐，小事成大^[3]。

【词、句注译】

[1] 得忍且忍：该忍之事就得容忍（to tolerate those matters one should put up with）。

[2] 得耐且耐：需耐心时就得耐心（to be patient with those matters that need one's patience）。

[3] 小事成大：把小事弄成大事（to turn minor matters into serious ones）。

【现代汉语译文】

该容忍的事就得容忍，需耐心时就得耐心；如果忍耐不了，小事就变得严重了。

【句式、话题析解与翻译建议】

此话段由四字格句对构成，其话题主要有动词"忍"和"耐"，看上去似乎只是对事实的陈述，其实却有着祈使隐含，表达了小不忍则乱大谋的道理。翻译成英语，译语应当考虑使用祈使句、非人称句，更好地反映原语的信息与功能，以满足译语读者对原语理解的需要。

Chinese-English Version

Try your best to endure those matters you should put up with; try your utmost to be patient with those matters worth your patience. With tolerance being lost, something minor will turn out to be serious.

相论 [1] 逞英豪 [2]，家计渐渐退 [3]。

【词、句注译】

[1] 相论：彼此间高谈阔论（by bragging with each other）。

[2] 逞英豪：相互逞能（to compete to show off one's own power）。

[3] 家计渐渐退：家道也将逐渐衰落下去（one's family fortunes are gradually to become less for sure）。

【现代汉语译文】

彼此间高谈阔论，相互逞能，家道也将逐渐衰落下去。

【句式、话题析解与翻译建议】

此话段由对偶句式构成，其中有条件隐含，话题为连动结构"相论"与偏正结构"家计"，表达了夸夸其谈、相互逞能必使家庭财气、风气和声望走下坡路的道理。翻译成英语，可采用含条件的主从复合句来转换原语的条件隐含，反映出条件向原因向结果转化的过程，使原语的信息与功能得到充分转化，为译语读者理解原文提供最大的方便。

Chinese-English Version

If one competes to show off his own power by bragging before others, his family gradually comes down in the world for sure.

一人有庆 [1]，兆民 [2] 咸赖 [3]。

【词、句注译】

[1] 一人有庆：一个人业绩彪炳（if one does good deeds）。

[2] 兆民：很多人（many people）。

[3] 咸赖：都仰赖（to get benefits）。

【现代汉语译文】

一个人做了好事，众多的人都会从中得到好处。

【句式、话题析解与翻译建议】

此话段为四字格陈述句式，话题为动补结构"有庆"和偏正结构"兆民"，具有因果隐含，说明"有庆"是众人信赖的理由。翻译成英语，可采用表因果关系的主从复合句式，把原语的因果隐含转达出来。两种语言在功能上实现呼应，自然可消除目的语读者理解上的障碍。

Chinese-English Version

If one does good deeds, many people around him will get benefits.

人老 [1] 心不老 [2]，人穷 [3] 志不穷 [4]。

【词、句注译】

[1] 人老：人上年纪（when a man grows old...）。

[2] 心不老：壮志不减（to retain one's expectation）。

[3] 人穷：人贫困（when poor）。

[4] 志不穷：志气不缺乏（one's ambition should not be stifled）。

【现代汉语译文】

人虽老，但壮志不减；人虽穷，但志气不缺。

【句式、话题析解与翻译建议】

此话段由对偶句式所构成，话题包括主谓结构"人老"与"人穷"，其中具有让步隐含，表达了人老志不减、人穷气不短的志向。将其翻译成英语时，译语可采用由 even if 引导的含让步的主从复合句式，较好地表达原语隐含的信息，保证原语隐含的功能得以转达，为译语读者的理解提供便利。

Chinese-English Version

Even if a man grows old, he should retain his expectation as he used to.

Even if a man is poor, his ambition should not be stifled.

人无千日好^[1]，花无百日红^[2]。

【词、句注译】

[1] 人无千日好：人不可能天天顺心遂意（everything favorable cannot always go with a man）。

[2] 花无百日红：花不可能日日艳丽不衰（flowers cannot remain fresh and nice-looking for a long time）。

【现代汉语译文】

人不可能天天顺心遂意，花也不可能日日艳丽不衰。

【句式、话题析解与翻译建议】

此话段由对偶句式构成，其话题由主谓结构"人无"和"花无"所构成，具有对比隐含，表达了任何事情都不会一成不变的主题思想。将其翻译成英语时，对比句式有助于事物的发展规律——变化的特征得以反映，从而充分体现原语所隐含的信息与功能，这样原语折射的认识与译语读者的认识就达成了共鸣。

Chinese-English Version

Everything can never be favorable with a man all the time, just as the freshness and beauty of flowers can never remain unchanged.

乍富^[1] 不知新受用^[2]，
乍贫^[3] 难改旧家风^[4]。

【 词、句注译 】

[1] 乍富：一夜之间暴富（to become a mushroom billionaire）。

[2] 不知新受用：不知道如何开始享用（not to get used to one's new way of life）。

[3] 乍贫：突然间变得贫穷（to become destitute suddenly）。

[4] 旧家风：过去的生活方式（an old-fashioned / outdated way of life）。

【 现代汉语译文 】

一夜之间暴富起来，会不知道如何开始享用；突然间变得贫穷，过去的优裕生活方式很难改变。

【 句式、话题析解与翻译建议 】

此话段由对偶句式构成，其中的话题有偏正结构"乍富""乍贫"，描述的是穷富的突然转换使人一时无所适从的道理。翻译成英语，可运用两个并列的主从复合句式把其中的时间、原因、方式、对比关系等情况合乎逻辑地表述出来，把不同的话题置于不同的话段中分别描述，清晰地展现出原语文化，译语读者就可以较为顺利地接受原语的信息与功能。

Chinese-English Version

One does not know in what way to enjoy himself when he becomes a mushroom billionaire.

One cannot get used to his poor way of life when he suddenly becomes destitute.

座上客[1]常满，杯中酒不空[2]。

【词、句注译】

[1] 座上客：受邀请的客人（guests invited to one's home）。

[2] 杯中酒不空：杯中的酒从没有空过（wine glasses never get empty）。

【现代汉语译文】

因为家中经常宾朋满座，杯中的酒从没有空过。

【句式、话题析解与翻译建议】

此话段由对偶句式构成，偏正结构“座上客”和“杯中酒”为本话段的两个话题，描述了家中经常客来客往的热闹景象。翻译成英语，以译语的陈述句结构对应原语信息结构，转达出原语所隐含的功能，为译语读者排解文化差异带来的困惑是可能的。

Chinese-English Version

Guests and visitors used to fill up the seats at home and wine glasses were never empty.

屋漏^[1]更遭^[2]连夜雨，
行船又遇^[3]打头风^[4]。

【词、句注译】

[1] 屋漏：房屋漏雨（a house which is already leaky）。

[2] 更遭：却遭到（would encounter）。

[3] 又遇：却又遭遇（to meet with sth. similar）。

[4] 打头风：迎头风（a head wind）。

【现代汉语译文】

屋子本来就漏，却又遭连夜大雨；行船本就困难，偏又碰上逆风。

【句式、话题析解与翻译建议】

此话段由一组对偶句式构成，其中的话题为主谓结构"屋漏"和动宾结构"行船"，喻指生活中有时就有遇难愈难，倒霉之事接踵而至的情况。翻译成英语，应充分利用译语形式化语言的特点对原语信息进行加工处理，以发挥译语形式化优势，更好地将原语所隐含的信息和功能加以转换；把两个话题置于两个话段之中，使相对复杂的原语信息结构与功能的表达以清晰的方式示人，帮助译语读者正确地理解原文。

Chinese-English Version

A house which was already leaky would more often than not catch an all-night storm.

A boat which already went with difficulty would once more meet a head wind.

笋因落壳方成竹 [1]，鱼为奔波始化龙 [2]。

【词、句注译】

[1] 笋因落壳方成竹：笋要掉光皮之后才成为竹子（a bamboo shoot drops its sheaths continuously before it becomes a bamboo tree）。

[2] 鱼为奔波始化龙：鱼要经历过无数次奔波之后才有可能变成蛟龙（a fish becomes a dragon after it swims a long distance by undergoing numberless ups and downs）。

【现代汉语译文】

笋要在皮掉光之后才能成为竹子；鱼要经历不计其数的奔波之后才有可能变成蛟龙。

【句式、话题析解与翻译建议】

此话段由对偶句式构成，其话题为名词"笋"和"鱼"，具有比较隐含，喻指人必须历尽各种艰辛方能出类拔萃。翻译成英语时，由于原语强调过程，译语务须考虑时间的先后顺序，采用表时间关系的主从复合句式这一语言结构，可使原语的信息与功能得到充分表达；将话题分别置于两个不同的话段之中，使原语的比较关系变得清晰，以帮助译语读者更好地理解原语的信息与功能。

Chinese-English Version

A bamboo shoot grows into a bamboo tree after it shakes off its sheaths completely.

A fish becomes a dragon after it swims miles and miles by undergoing numberless ups and downs.

记得少年骑竹马，看看[1]又是白头翁[2]。

【词、句注译】

[1] 看看：转眼，突然（in no time; abruptly）。

[2] 白头翁：白发老翁（an old man with gray hair）。

【现代汉语译文】

还记得小时候一起骑竹马的情景，突然发现自己已经变成了白发老翁。

【句式、话题析解与翻译建议】

此话段由对偶句式构成，话题为动宾结构"骑竹马"和偏正结构"白头翁"，具有对比隐含，喻指光阴似箭，岁月如梭。将其翻译成英语时，原语中"骑竹马"和"白头翁"似乎没有关联，只是文化现象，直译更有可能在两者之间建立起关联，尽量用简单的译语去淡化原语文化蕴涵的复杂性，以照顾好译语读者的认知惯性。

Chinese-English Version

I still remember the day when I rode a bamboo horse, but in no time I find myself an old man with gray hair.

天上众星皆拱北 [1]，世间无水不朝东 [2]。

【词、句注译】

[1] 皆拱北：绕北斗星而运转（to rotate around the Pole star）。

[2] 无水不朝东：河流无不东流入海（to run into the East China Sea）。

【现代汉语译文】

天上的星星无不围绕北斗星而运转，世界上所有的河流无不东流入海。

【句式、话题析解与翻译建议】

此话段由对偶句式构成，其中的话题为偏正结构"众星"和动宾结构"无水"，总结了事物发展总是有着大的方向，具有一定的规律性的道理，喻指世间的人心所向。此处的文化信息较为浓厚，翻译成英语，可采用两个并列句式把原语信息转达出来，用不同的话段分述不同的话题，以利于译语读者对原语中文化信息的正确解读。

Chinese-English Version

In the sky all stars rotate around the Pole star.

On the earth there is no river which does not run into the East China Sea.

君子^[1]安贫^[2]，达人^[3]知命^[4]。

【词、句注译】

[1] 君子：人格高尚的人（a man with noble character）。

[2] 安贫：自甘于贫困（to feel appeased even if in poverty）。

[3] 达人：通达事理的人（a man who understands ways of doing business）。

[4] 知命：晓得事物生灭变化都是由上苍决定的道理（to know that everything is destined）。

【现代汉语译文】

即使是贫穷，君子也会泰然处之；通达事理的人晓得，事物的生灭变化唯上苍能够决定。

【句式、话题析解与翻译建议】

此话段由对偶句式构成，其话题为偏正结构"君子"和"达人"，分话题中都有让步隐含，陈述的是"君子豁达和达人睿智"的人生境界。翻译成英语，可采用 even if 作为引导词，将原语中的让步隐含译出，再把不同的话题置于不同的话段之中，从而反映出两种人不同的气质，用连接词 while 把两个句子加以连接，使对前者与后者的描述显得泾渭分明，从而告知译语读者原语中的一些较为抽象的文化内涵。

Chinese-English Version

A wise man feels appeased even if he is in poverty while a man who understands ways of doing business knows that everything is destined by the creator.

忠言[1] 逆耳[2] 利于行，
良药苦口[3] 利于病[4]。

【词、句注译】

[1] 忠言：中肯的话（sincere advice）。

[2] 逆耳：难听的话；难以接受的话（words which do not sound nice）。

[3] 苦口：吃起来苦（to taste bitter）。

[4] 利于病：药到病除（to be effective to the removal of disease）。

【现代汉语译文】

好药吃起来虽苦，但能药到病除；中肯的话虽难听，但有利于人的行动。

【句式、话题析解与翻译建议】

此话段由对偶句式构成，其话题是偏正结构"忠言"和"良药"，话题之中具有转折隐含，折射出它们令人难以接受但往往又是人们最为需要的东西的道理。翻译成英语，用表转折关系的顺接连词 but 引导，将两个分句中的转折隐含译出，再把两个话题分别用平行句式译出原语相反相成的寓意信息，使译语实现句子结构的平衡，既做到充分转换原语信息，又符合译语读者的期待视野。

Chinese-English Version

Good medicine tastes bitter but is effective to cure a disease; sincere advice does not sound nice but is favorable with one's act.

夫妻相好合，琴瑟与笙簧^[1]。

【词、句注译】

[1] 琴瑟与笙簧：像琴瑟笙簧合奏一样的关系（like the sound delivered by zither and reeds of a panpipe）。

【现代汉语译文】

夫妻之间和睦相处，就像琴瑟与笙簧合奏一样音韵和谐。

【句式、话题析解与翻译建议】

此话段是一个对偶句式，其中具有条件隐含，联合结构"夫妻""琴瑟"为此话段的两个话题，表达了夫妻如琴如瑟的关系。翻译成英语，采用隐喻手段，借助译语的比较结构转达原语信息，从而合乎译语读者的需要，如此恐怕是译语读者最为期待的。

Chinese-English Version

Marital harmony is just like the sound delivered by zither and reeds of a panpipe.

善必寿考^[1]，恶必早亡^[2]。

【词、句注译】

[1] 善必寿考：积善崇德的人长寿（one's good deeds lengthen his life-span）。

[2] 恶必早亡：常常做坏事者早死（accumulative wickednesses accelerate one's death）。

【现代汉语译文】

积善崇德者长寿；常常做坏事者早死。

【句式、话题析解与翻译建议】

此话段为四字格句对，构成对偶句式。此句式中具有对比隐含，其中的话题为主谓结构"寿考"和偏正结构"早亡"，表达了人们疾恶向善的寄托。翻译成英语，可借助 whereas 这一表转折的连接词把原语中的对比隐含呈现出来，使原语信息与功能透过译语的形式结构得以充分表达，以满足译语读者的期待视野。

Chinese-English Version

Accumulating virtues helps one gain long-life span whereas committing too many wicked sins accelerates one's death.

爽口 [1] 食多偏作病 [2]，
快心 [3] 事过 [4] 恐生殃 [5]。

【词、句注译】

[1] 爽口：美味佳肴（delicacies）。

[2] 偏作病：反而要生病（...might cause sb. to get ill）。

[3] 快心：高兴的事（something pleasant）。

[4] 事过：做得过头（excessively）。

[5] 恐生殃：恐怕要出祸患（...might bring about a disaster）。

【现代汉语译文】

美味佳肴吃得太多反而要生病，高兴的事做得过头了恐怕要出祸患。

【句式、话题析解与翻译建议】

此话段由对偶句式构成，话题包括偏正结构"爽口"和"快心"，具有对比隐含，这种对比具有递进意义，前言后语一呼一应，强化了两个话题，表达了物极必反、过犹不及的道理。翻译成英语，保持译语的物称倾向，即不用人称而以物称作主语，能够更好地使原语与译语达成语言信息与结构的对应，再通过连接副词 while 连接前言后语，凸显对比关系，这样译语读者理解原语信息想必就不再是难事了。

Chinese-English Version

Too many delicacies might cause a man to get ill while doing something pleasant excessively might bring about disasters.

富贵定要依本分^[1]，贫穷切莫枉思量^[2]。

【词、句注译】

[1] 依本分：要安分守己（to abide by the law and behave oneself）。

[2] 切莫枉思量：不要有非分之想（to stop crying out for the moon）。

【现代汉语译文】

富贵之后一定要安分守己，贫穷之时一定不要有非分之想。

【句式、话题析解与翻译建议】

此话段由对偶句式构成，其中的话题为联合结构"富贵""贫穷"，此句式中具有祈使隐含，表达了穷富都要安分守己，坚持操守的道理。将其翻译成英语时，其中的祈使隐含可用陈述句式予以表达，然后把两个话题置于不同的话段之中，在译语中借助主从复合句式去表达原语的信息与功能，以助于译语读者正确理解原语信息。

Chinese-English Version

When you have become affluent, you need to abide by the law and behave yourself.

When you are in poverty, stop crying out for the moon.

画水无风 [1] 空作浪 [2]，
绣花虽好 [3] 不闻香 [4]。

【词、句注译】

[1] 画水无风：画中的水看上去波涛汹涌，但毕竟听不到风声（a portrait may present us with waves roaring into the sky but they do not produce any sound）。

[2] 空作浪：只画出浪的样子却听不见任何涛声（only waves can be seen, which are incapable of producing any sound）。

[3] 绣花虽好：绣出来的花朵虽然好看（the flowers embroidered on a piece of cloth looking nice, though）。

[4] 不闻香：闻不到一星半点的花香（to smell not any fragrance）。

【现代汉语译文】

画中的水看上去波涛汹涌，但可曾听得见一丝风声？绣出的花朵虽然好看，但可曾闻得到一星半点的花香？

【句式、话题析解与翻译建议】

此话段由对偶句式构成，其话题为动宾结构"画水"与"绣花"，两个句子都具有转折隐含，折射出人世间有些事物徒有表面却不真实的场景。这个话段都是对虚假现象的描述，话虽不相同，但主题思想却是相同的。翻译成英语，可用设问的形式对原文的转折隐含进行表达，以强化其中的遗憾。此外，把不同的话题置于不同的话段之中，更符合译语的表达习惯，为译语读者的理解做好铺垫。

Chinese-English Version

Water portrayed into waves looks billowy, but can you hear any sound of it?

Flowers embroidered on a piece of cloth look nice, but can you smell any fragrance of theirs?

贪他 [1] 一斗米，失却 [2] 半年粮；
争他一脚豚 [3]，反失一肘羊 [4]。

【词、句注译】

[1] 贪他：贪图他人的（to covet）。

[2] 失却：失去（to lose）。

[3] 一脚豚：一只猪蹄（one leg of a pig）。

[4] 一肘羊：一只羊肘子（one leg of a lamb）。

【现代汉语译文】

贪图他人一斗米，却失去了半年的口粮；争夺别人的一只猪蹄，反而失掉了一只羊肘子。

【句式、话题析解与翻译建议】

此话段由两组对偶句式构成，话题由偏正结构"一斗米""一脚豚"构成，其中主语具有零形式隐性蛰伏特征，表达了贪小便宜得不偿失的道理。翻译成英语，可运用非谓语动词去充当句子的主语或宾语，这种做法自然更能与译语的表达方式接轨，从而使译语在译语读者当中的接受度得以提高。

Chinese-English Version

To covet a bushel of rice from others may cause you to lose half a year's grain of yours.

To take one leg of a pig from others may coerce you to give up one leg of a lamb.

龙归晚洞^[1] 云犹湿^[2]，
麝^[3] 过青山草木香^[4]。

【 词、句注译 】

[1] 归晚洞：在夜晚归洞时（to go back home in the evening）。

[2] 犹湿：还是湿的（still wet）。

[3] 麝：香獐、獐子（musk deer）。

[4] 草木香：连草木都带有香味（...the fragrance on the grass and bushes remains）。

【 现代汉语译文 】

龙在夜晚归洞时会使云彩变得湿润，麝走过的山地连草木都带有香味。

【 句式、话题析解与翻译建议 】

此话段由对偶句式构成，名词"龙"和"麝"为本话段的话题，描述了世上事物行动时或过后都会有某种症候或痕迹的情形。翻译成英语，可采用两个并列的主从复合句建构两个话段来容纳不同的话题，以期译语读者能够透彻地解读原语的信息与功能。

Chinese-English Version

When a dragon goes back home in the evening, the clouds it passes by remains wet; when a musk deer goes back home, the grass and bushes it touches on the hill through which it once walks remains fragrant.

平生只会量人短[1]，何不回头把自量[2]。

【词、句注译】

[1] 量人短：衡量别人，发现别人的短处（to find faults with others）。

[2] 把自量：找找自身的缺点（to detect the drawbacks of one's own）。

【现代汉语译文】

有的人从来只会挑别人的短处，为什么不找找自身的缺点呢？

【句式、话题析解与翻译建议】

此话段由对偶句式构成，动宾结构"量人"和主谓结构"自量"为此句式中的话题，具有祈使隐含，提出了不可总看到人家的短处而无视自己不足的警示。翻译成英语，可通过连词 and 把前后两句连接起来，并用译语的存在句型、主从复合句式去转达原语的信息，更多地考虑原语与译语的功能对接，这样才能让译语读者更好地接受。

Chinese-English Version

There is always someone who would like to find faults with others, and we wonder why he fails to notice his own drawbacks.

见善如不及 [1]，见恶如探汤 [2]。

【词、句注译】

[1] 不及：唯恐攀附不上（to hurry to catch up or to seize）。

[2] 汤：沸水（boiling water）。

【现代汉语译文】

一看到好人好事，唯恐自己攀附不上；看到坏人坏事，宛若手碰沸水，唯恐避之不及。

【句式、话题析解与翻译建议】

此话段由对偶句式构成，话题有动宾结构"见善"与"见恶"，表达了一种趋利逐害的心态，体现的是一种正常的内心活动。翻译成英语，把不同的话题置于不同的话段之中，采用英语的主从复合句式把原语中所反映的相互对立的情形表达出来，以利于译语读者准确把握其中的蕴涵。

Chinese-English Version

When he meets a reputed person or sees something favorable, one hurries to catch him up or to seize it the soonest possible lest he should lose the chance.

When he meets a bad guy or sees something sinister, one escapes as soon as he can just as his hand touches boiling water and withdraws it abruptly.

人贫计短[1]，马瘦毛长。

【词、句注译】

[1] 人贫计短：人一旦贫穷，就做不出长远的计划（if one is poor, his ambition is weak）。

【现代汉语译文】

人贫穷了做事就不能从长计议；马一旦瘦了身上的毛就会显得很长。

【句式、话题析解与翻译建议】

此话段由对偶句式构成，其中的话题为"人"和"马"，具有因果隐含，表达了透过某种现象是可以看到本质的道理。翻译成英语，用两个简单陈述句式便可把原语中的因果关系隐含在译语中充分地表达出来，从而能够满足译语读者正确解读原语信息的需要。

Chinese-English Version

One's ambition is weak for his poverty; a horse's hair becomes long because of its being skinny.

自家^[1]心里急，他人不知忙^[2]。

【词、句注译】

　　[1] 自家：自己的事情（one's own affair）。

　　[2] 不知忙：不知道慌忙（not to feel worried about）。

【现代汉语译文】

　　自己的事情自己心里最着急，别人是不会慌忙的。

【句式、话题析解与翻译建议】

　　此话段由对偶句式构成，话题分别有偏正结构"自家""他人"，说明了自家事自己急，别人管不了的道理。翻译成英语，可考虑用人称表达法即不定代词当主语，用带非限制性定语从句的主从句式对原语信息及功能进行表达，最终期待译语读者能充分理解原语语言信息与功能。

Chinese-English Version

One is clearest about the matter in his own mind,which nobody else can know or feel worried about.

贫无义士[1]将金赠，
病有高人[2]说药方[3]。

【词、句注译】

[1] 义士：仗义之人（a generous and righteous person）。

[2] 高人：高超之人（a superb person）。

[3] 说药方：提供治病的良方（to write out a prescription）。

【现代汉语译文】

人穷了不会有人仗义送你钱财，生病时倒是有人告诉你治病的良方。

【句式、话题析解与翻译建议】

此话段由对偶句式构成，名词"贫"和"病"为本话段话题，具有明显的转折意味，表达了趋利是一般人本性使然的道理。翻译成英语，通过顺接连词 but 将前后两句连接起来，使原语的隐含意义形成明显的对照，从而完成由原语信息与功能到译语结构与功能的转换，使译语读者的期待视野得到满足。

Chinese-English Version

Nobody will give the poor money with the sense of justice, but one, when he is getting sick, will be told by someone else an effective prescription.

触[1] 来莫与竞[2]，事过心头凉[3]。

【词、句注译】

[1] 触：冒犯；抵触（to offend）。

[2] 莫与竞：不与之计较（not to hoggle over with）。

[3] 事过心头凉：事情过后心境自然会平静下来（one's state of mind will naturally calm down after the dispute is over）。

【现代汉语译文】

他人冒犯了你，不要与之计较，事后心态自然会恢复平静。

【句式、话题析解与翻译建议】

此话段由对偶句式构成，其中的话题为主谓结构"触来""事过"，具有劝诫隐含，说出了不与人龃龉、无怨无恨，心态自然能平静下来的道理。将其翻译成英语时，主从复合句式是首先要考虑使用的，把原语的否定句分别用目的语的否定句、把原语物称用译语的物称与之对应，使原语与译语在信息与结构上较高程度地形成对接，以助于译语读者对原语的信息与功能有较为透彻的理解。

Chinese-English Version

When offended, you'd better not haggle over with him. And then your state of mind will naturally calm down after the dispute is over.

秋至满山多秀色 [1]，春来无处不花香 [2]。

【词、句注译】

[1] 秋至满山多秀色：秋天到了，漫山遍野都是秀丽的景色（when autumn comes, beautiful scenes can be seen here and there）。

[2] 春来无处不花香：春天来了，到处弥漫着醉人的花香（when spring comes, every place is permeated with intoxicating fragrance of flowers）。

【现代汉语译文】

秋天到了，漫山遍野都是秀丽的景色；春天来了，到处弥漫着醉人的花香。

【句式、话题析解与翻译建议】

此话段由对偶句式所构成，主谓结构"秋至"和"春来"是话题，并列结构是本句式的鲜明特点，是春景秋色惹人醉的真实写照。翻译成英语，在译语中体现原语中时空相交融的情景十分重要，在原语语言信息不丢失的前提下，原文中的美景会得到较好的呈现，从而满足译语读者的解读需要。

Chinese-English Version

When autumn comes, beautiful scenes can be seen everywhere. When spring arrives, every place is permeated with intoxicating fragrance of flowers.

凡人^[1]不可貌相^[2]，海水不可斗量^[3]。

【词、句注译】

[1] 凡人：普通人（an ordinary person; anybody）。

[2] 不可貌相：不能根据容貌来判断（not to judge somebody by his appearances）。

[3] 斗量：用斗来量（to be measured by a bushel）。

【现代汉语译文】

衡量一个人不可凭相貌来判断，就像海水不能用斗来量是一个道理。

【句式、话题析解与翻译建议】

此话段由对偶句式构成，其中的话题为偏正结构"凡人"和"海水"，对比隐含为此句式的特点所在，描述了衡量人与事物的方法宜全面的道理。将其翻译成英语时，我们不妨考虑使用比较状语从句，在翻译过程中保留原语的信息与功能，帮助译语读者理解原语比较关系的本质。

Chinese-English Version

We cannot judge an ordinary person by his appearances just as we cannot measure the sea water with a bushel.

清清之水 [1] 为土所防 [2]，
济济之士 [3] 为酒所伤 [4]。

【词、句注译】

[1] 清清之水：清澈的水流（clear water）。

[2] 为土所防：被泥土堵住（to be stopped up by earth）。

[3] 济济之士：志士豪杰（patriots and heroes）。

[4] 为酒所伤：被酒伤身（to be possibly harmed by wine）。

【现代汉语译文】

清澈的水流，会被泥土堵住；志士豪杰，可能被酒伤身。

【句式、话题析解与翻译建议】

此话段由对偶句式构成，其中的话题为偏正结构"清清之水"和"济济之士"，表达了相克相生的道理。翻译成英语，采用译语的并列句式，充分地表达原语的信息与功能，以利于译语读者的理解。

Chinese-English Version

Clear water can be stopped up by earth, patriots and heroes may possibly be harmed by alcohol.

蒿草之下，或有兰香[1]；
茅茨之屋[2]，或有侯王[3]。

【词、句注译】

[1] 兰香：兰草（orchid）。

[2] 茅茨之屋：茅屋（a thatched house）。

[3] 侯王：王侯将相（ministers or generals）。

【现代汉语译文】

蒿草的下面可能生长着兰草；茅屋里边可能住着未来的王侯将相。

【句式、话题析解与翻译建议】

此话段由两组陈述句式构成，形成对偶句式，其中的话题包括偏正结构"蒿草"和"茅屋"，揭示了事物并不是一层不变的，而是一切皆有可能的道理。翻译成英语，借助译语的形式结构，原语的信息与功能就可有效转化，这里可用两个倒装句式将原语句式进行转化，以满足译语读者的认知需要。

Chinese-English Version

Under any wormwood may grow orchid; inside a thatched house may live a minister or a general.

无限朱门^[1] 生^[2] 饿殍^[3]，
许多白屋^[4] 出朝郎^[5]。

【词、句注译】

[1] 朱门：豪门权贵之家（the family of rich nobles or high officials and noble lords）。

[2] 生：生出（to give birth to; to be born）。

[3] 饿殍：无能之辈（impotent guys）。

[4] 白屋：贫困潦倒之家（families which have come down in the world）。

[5] 朝郎：达官贵人（high-ranking officials or noble lords）。

【现代汉语译文】

多少无能之辈生养在豪门权贵之家；多少达官贵人出自贫困潦倒之所。

【句式、话题析解与翻译建议】

此话段由对偶句式构成，其话题为偏正结构"朱门"和"白屋"，具有鲜明的对比隐含，说明了鼠辈未必出寒舍，显贵未必出豪门的逻辑隐含。翻译成英语，通过两个并列的陈述句就足以把原语的对比意义表达出来，这样非常有利于译语读者对原语信息与功能的解读。

Chinese-English Version

Many impotent guys are born and bred in rich nobles and a lot of high-ranking officials and noble lords are in poor families.

千里寄毫毛 [1]，寄物 [2] 不寄失 [3]。

【词、句注译】

[1] 毫毛：细毛；比喻非常轻微的物品（feather; a small gift）。

[2] 寄物：寄东西（to send something; to mail something）。

[3] 不寄失：不能寄丢了（to lose; to fail to send something to a destination）。

【现代汉语译文】

不远千里寄一根鹅毛，托寄时千万不能丢失了（比喻托寄的物品虽轻，其中的情谊却很厚重）。

【句式、话题析解与翻译建议】

此话段由陈述句式构成，其中的话题为偏正结构"千里"，折射了重视形式而忽视内容的象征意义，表达了礼轻情不轻的道理。翻译成英语，可用译语的主从复合句式进行表达，以转达出原语的语义蕴涵，使译语读者了然其意。

Chinese-English Version

When a thousand-mile-away goose feather is sent as a gift, you can never be too careful about it since it is so invaluable in spite of the fact that it weighs light.

一世如驹^[1] 过隙^[2]。

一世如驹 [1] 过隙 [2] 。

【词、句注译】

[1] 驹：白驹（a pony）。

[2] 过隙：隙指空隙，比喻瞬间即逝（to flash across a crevice）。

【现代汉语译文】

人生一世，就像白驹过隙，瞬间即逝。

【句式、话题析解与翻译建议】

此话段为一个简单陈述句式，其话题是偏正结构"一世"，具有隐喻隐含，表示光阴荏苒的意思。翻译成英语，采用表对比关系的状语就可将句中的隐喻意味转达出来，从而使其受到译语读者的认可。

Chinese-English Version

One's life passes as instantly as a pony flashes across a crevice.

良田万顷 [1]，日食三升 [2]；
大厦千间 [3]，夜眠八尺 [4]。

【词、句注译】

[1] 万顷：数以万计（thousands of acres of land）。

[2] 三升：数升而已（a few litres）。

[3] 千间：数千个房间（thousands of rooms）。

[4] 八尺：数尺见方（a small square）。

【现代汉语译文】

纵然家里拥有良田亩数用万来计算，但每天吃的粮食也只不过数升而已；纵然有千个房间的大厦，夜里睡觉也只需小块地方。

【句式、话题析解与翻译建议】

此话段由四字格陈述句式构成，话题包括偏正结构"良田""日食""大厦"和"夜眠"，具有让步隐含，表达了个人所拥物产与其用度难成比例的慨叹，告诫人们要尽量克制自己的贪念。翻译成英语，借助译语含让步的主从复合句式，就能将原语所隐含的信息与功能一并转达出来，以满足译语读者的期待视野。

Chinese-English Version

Even though one has thousands of acres of land, every day he needs a few grams of rice only.

Even if one possesses an edifice with thousands of rooms, what he needs is a small square of space to sleep in at night.

千经万卷 [1]，孝义为先 [2]。

【词、句注译】

[1] 千经万卷：所有的经典（all classic works）。

[2] 为先：以……为先（to put ... in the first place）。

【现代汉语译文】

所有的经典，都是以忠孝仁义为先的。

【句式、话题析解与翻译建议】

此话段由四字格陈述句式构成，其话题为"孝义"，声称"孝"和"义"至高无上的重要性。翻译成英语，可对这两个句式进行整合，合而为一，其主语采取物称形式来表达，赋事物予人的特性，这将顺应译语读者的思维惯性。

Chinese-English Version

All classic works put filial piety and righteousness in the first place without exception.

富从升合 [1] 起，贫因不算 [2] 来。

【词、句注译】

[1] 从升合：积少成多（the result of a bit–by–bit accumulation）。

[2] 因不算：因为不会精打细算（caused by careless calculation）。

【现代汉语译文】

富贵是积少成多的结果，贫穷是因为不会精打细算。

【句式、话题析解与翻译建议】

此话段由对偶句式所构成，其中的对比隐含是很明显的，话题为形容词"富"和"穷"，具有对比隐含，表达了贫富皆因不同生活方式所造成的道理。翻译成英语，可通过译语的 while 一词表达原语隐含的对比关系，用表对比关系的主从复合句式将原语的信息与功能传递给译语读者。

Chinese-English Version

Treasure is the result of a bit-by-bit accumulation of wealth while poverty is due to careless plan.

人间私语 [1]，天闻若雷 [2]；
暗室亏心 [3]，神目如电 [4]。

【词、句注译】

[1] 人间私语：背地里讲的悄悄话（private conversations）。

[2] 天闻若雷：上天听得清清楚楚（the Heaven has sensitive ears for something）。

[3] 暗室亏心：暗地里做的亏心事（those self-accusing guilts）。

[4] 神目如电：神明看得明明白白（God has sharp eyes for something）。

【现代汉语译文】

背地里讲的悄悄话，上天听得清清楚楚；暗地里做的亏心事，神明看得明明白白。

【句式、话题析解与翻译建议】

此话段为四字格句对，构成了陈述句式，其中的话题有偏正结构"私语"和"亏心"，表达了凡间之事逃不过神灵耳目的道理，告诫人们说话做事要光明正大。翻译成英语，不必拘泥于原语形式，而要注重其功能的表达，用译语的简单陈述句式将看似寓意深刻的原语信息与功能转达出来，以方便译语读者的理解。

Chinese-English Version

The Providence has sensitive ears for our private conversations and sharp eyes for our discreditable affairs.

一毫之恶^[1]，劝人莫作^[2]；
一毫之善^[3]，与人方便^[4]。

【词、句注译】

[1] 一毫之恶：最微不足道的坏事（a tiny thing wicked enough almost to nobody）。

[2] 劝人莫作：劝人不要做（to persuade a man not to do）。

[3] 一毫之善：任何于人有利的好事（a tiny thing good enough to anybody）。

[4] 与人方便：尽力提供方便（try one's utmost to provide convenience for others）。

【现代汉语译文】

哪怕是最微不足道的坏事，也要劝人不要做；任何于人有利的好事，都要尽力提供方便。

【句式、话题析解与翻译建议】

此话段前后两句由四字格句对构成，其中的话题为名词"善"与"恶"，其中的让步隐含是明显的，申明了"莫作恶，多从善"的态度。将其翻译成英语时，用译语的让步分句转达出原语的让步隐含，把不同的话题置于不同的话段之中，充分借助译语的主从复合句式结构使原语的劝诫功能最大化，以利于原语信息在译语读者中的接受度最大化。

Chinese-English Version

It will be good for you to persuade a man not to do anything evil even though it maims nobody.

Try your utmost to do whatever is good in order to provide convenience for others.

亏人是祸 [1]，饶人 [2] 是福 [3]；
天眼恢恢 [4]，报应甚速 [5]。

【词、句注译】

[1] 亏人是祸：亏欠别人必然给自己带来祸害（to owe to others brings about disasters to oneself; being in arrears）。

[2] 饶人：宽恕他人（to forgive others; to spare others）。

[3] 福：福分（luck; fortune）。

[4] 天眼恢恢：上天都明白清楚（the Heaven is clear about everything）。

[5] 报应甚速：很快得到相应的报酬或付出相应的代价（to get rewarded or cursed soon）。

【现代汉语译文】

亏欠别人必然给自己带来祸害，宽恕他人必然给自己带来福分；上苍对此再明白不过了，人的所作所为会很快得到相应的报酬或付出相应的代价。

【句式、话题析解与翻译建议】

此话段由两组对偶句式构成，话题包括动宾结构"亏人""饶人"、偏正结构"天眼"和连动结构"报应"，表达了祸福无门，唯人自召；善恶之报，如影随形的道理。翻译成英语，借助译语的非限定动词、物称主语或主语从句等结构去转达原语比较抽象的语言信息和功能，将不同的话题置于不同的话段之中，保证译语传输的信息准确、语言畅达，以实现译语读者较为充分地接受原语的信息和功能。

Chinese-English Version

To push around others brings about disasters to oneself and to forgive others results in good luck to oneself.

The Heaven is clear about everything. No matter who they are, they will deserve whatever they do soon.

圣言贤语 [1]，神钦鬼伏 [2]。

【词、句注译】

[1] 圣言贤语：圣人贤士所说的话（words uttered by sages and men of virtue）。

[2] 神钦鬼伏：鬼神听到都会钦佩得五体投地（to be admired greatly even when ghosts or gods hear them）。

【现代汉语译文】

圣贤说的话，即便鬼神听到都会钦佩得五体投地。

【句式、话题析解与翻译建议】

此话段由四字格陈述句式构成，其中的话题为联合结构"圣言贤语"，阐述了圣贤们的话语令人钦佩无比的道理。翻译成英语，借助译语的 even 引导出原语的强调意味，并使用被动句式，以凸显"圣言贤语"的威力，这样更符合译语的认知惯性，容易满足译语读者的认知要求。

Chinese-English Version

Words uttered by sages and men of virtue are greatly admired even when ghosts or gods hear them.

人各有心 [1]，心各有见 [2]。

【词、句注译】

[1] 人各有心：各人都有自己的心思（everyone has his own thoughts）。

[2] 心各有见：各人都有自己的主见（everyone has one's own judgments）。

【现代汉语译文】

每个人都有自己的心思，各个人都有自己的主见。

【句式、话题析解与翻译建议】

此话段由四字格陈述句式构成，话题为"人"和"心"，表达了人不同，心思主见各异的道理。翻译成英语，要尽量满足译语的形式要求，从顺应译语读者的理解需要着眼，将汉语的四字格陈述句式浓缩为译语的简单陈述句式，注重原语功能表达，为在译语环境中提高接受度做铺垫。

Chinese-English Version

Everybody has thoughts and judgments of his own.

口说不如身逢 [1]，耳闻不如目见 [2]。

【词、句注译】

[1] 身逢：亲身经历（to experience something by oneself）。

[2] 目见：亲眼所见（to see it oneself）。

【现代汉语译文】

口里说出来不如亲身经历过，只是听说不如亲眼所见。

【句式、话题析解与翻译建议】

此话段为对偶句式，话题由主谓结构"口说"和"耳闻"构成，其中具有比较隐含，强调最好通过亲身体会、亲身感受去认识事物。翻译成英语，可将译语的非谓语动词结构当作主语，突出动作，采取比较级形式强调行动的重要性，使原语的意图与译语的目的更好地呼应，译语的接受度也就有了保证。

Chinese-English Version

To experience something by oneself is better than what one is told without doing it; to see it is better than to hear of it.

养军千日 [1]，用在一朝 [2]。

【词、句注译】

[1] 养军千日：长期供养、训练军队（to everlastingly support and train the troops）。

[2] 一朝：一旦（at a critical period; once）。

【现代汉语译文】

长期供养训练军队，就是为了防止有朝一日爆发战争。

【句式、话题析解与翻译建议】

此话段由四字格陈述句式构成，具有目的隐含，话题为动补结构"养兵千日"，说的是养兵不会（能）白养的道理。将其翻译成英语时，简单句式的使用便可实现理想的翻译。

Chinese-English Version

The purpose of everlastingly supporting and training the troops is to prevent any war from breaking out.

国清 [1] 才子 [2] 贵 [3]，家富 [4] 小儿娇 [5]。

【词、句注译】

[1] 国清：国家清明（when the country is sober and calm）。

[2] 才子：有才华的人（the intellectuals; the talented）。

[3] 贵：受到重视（to be respected; to be valued）。

[4] 家富：家境富裕（when the family is well-off / affluent）。

[5] 娇：娇生惯养（to be pampered and spoiled）。

【现代汉语译文】

国家清明，读书人才会受到重视；家境富裕，小孩子容易娇生惯养。

【句式、话题析解与翻译建议】

此话段由对偶句式构成，其中的话题由主谓结构"国清"和"家富"所构成，表达了不同的环境会重视不同的对象，以至造就不同的人的道理。将其翻译成英语时，不同的话题可置于不同的话段之中，强调环境时可用 when 引出时间状语。翻译使用主从复合句式，能够使原语和译语不仅在结构上，而且在功能上实现呼应，为译语读者对原语信息与功能的理解提供保障。

Chinese-English Version

When the country is full of justice and peace, the intellectuals will be valued.

When one's family financial circumstances are good, his descendants are easily pampered or spoiled.

利刀[1] 割体[2] 疮[3] 犹合[4]，
言语[5] 伤人[6] 恨不消[7]。

【词、句注译】

[1] 利刀：锋利的刀（a sharp knife）。

[2] 割体：伤了身体（to injure one's body）。

[3] 疮：伤口（wounds）。

[4] 犹合：还会愈合（to heal; to recover）。

[5] 言语：恶言恶语（a vicious slander）。

[6] 伤人：伤害人（to hurt somebody）。

[7] 恨不消：怨恨就不易消除（misery is hard to be removed）。

【现代汉语译文】

锋利的刀伤了身体，伤口还会愈合，恶言恶语一旦伤害了人，怨恨就很难消除。

【句式、话题析解与翻译建议】

此话段由对偶句式构成，话题由偏正结构"利刀"和"恶语"构成，具有对比关系隐含，强调了语言胜于利刃的道理。将其翻译成英语时，对比关系可通过译语的句式结构呈现出来。在译语的主从复合句中，原语的隐喻蕴涵可通过直译的方式加以呈现，这样就为译语读者掌握原语的信息和功能扫除了障碍。

Chinese-English Version

When a sharp knife once injures part of the body, the wound would possibly heal soon.

When a vicious slander hurts a man, the resentment can hardly be removed from his mind.

公道 [1] 世间 [2] 唯白发 [3]，
贵人 [4] 头上不曾饶 [5]。

【词、句注译】

[1] 公道：公平公正（impartiality）。

[2] 世间：人世间（in the world）。

[3] 唯白发：唯有人们头上的白发（the gray hair on the head）。

[4] 贵人：贵族富人（the noble or the rich）。

[5] 头上不曾饶：一视同仁，毫不例外（without exception; unexceptionally）。

【现代汉语译文】

人世间最为公道的唯有人们头上的白发，无论是贵族还是富人，它照样在他们的头上长出来。

【句式、话题析解与翻译建议】

此话段由对偶句式构成，话题由偏正结构"公道"和"贵人"所构成，其中的因果隐含显而易见，表达了白发最公道的道理。翻译成英语，用具有因果隐含的主从复合句式进行翻译，原语的信息与功能再现就显得更为充分，译语读者能较好地理解其中逻辑因果关联。

Chinese-English Version

Only the gray hair on the head is impartial, because it unexceptionally grows on the heads of the noble and the rich.

苗从地发 [1]，树向枝生 [2]。

【词、句注译】

[1] 苗从地发：禾苗从地里长出来（rice seedlings grow out of the ground）。

[2] 树向枝生：树干分出树枝（branches grow out of the stem）。

【现代汉语译文】

禾苗从地里长出来，树枝在树干上分支，这是自然而然的事。

【句式、话题析解与翻译建议】

此话段由四字格陈述句式构成，话题包括名词"苗"与"枝"，是对自然规律的描写，表达了凡事均可追根溯源的道理。将其翻译成英语时，由于原语表述有明显的物称倾向，译语形式主语句便可派上用场，这样既遵循译语的表达习惯，使表达流畅，又可与译语读者的认知倾向保持一致。

Chinese-English Version

It is natural for rice seedlings to grow out of the ground, and branches out of the stem.

闲时 [1] 不烧香 [2]，急时 [3] 抱佛脚 [4]。

【词、句注译】

[1] 闲时：平常无事的时候（in normal times）。

[2] 烧香：烧香敬佛（to burn joss sticks before the idols）。

[3] 急时：紧要关头（in critical moments）。

[4] 抱佛脚：求佛祖开恩（to pray before Sakaymuni）。

【现代汉语译文】

平常无事的时候不烧香敬佛，紧急关头时却想起求佛祖开恩。

【句式、话题析解与翻译建议】

此话段由对偶句式构成，话题为偏正词组"闲时"与"急时"，其中有对比隐含，表达了临渴掘井为时晚的道理。翻译成英语，可用 but 这一顺接连词体现对比关系隐含，对译语读者的理解会产生较好的效果。

Chinese-English Version

In normal times one never burns joss sticks before the idols but remembers to pray before Sakaymuni at the critical moment.

幸生 [1] 太平无事日 [2]，恐 [3] 逢年老不多时 [4]。

【词、句注译】

[1] 幸生：一个人幸运地生在（to be luckily born）。

[2] 太平无事日：和平安宁的时候（in time of peace and tranquility）。

[3] 恐：恐怕（to be afraid that...; perhaps）。

[4] 年老不多时：但到了晚年不会持续得太久（when one becomes old, an ideal condition perhaps will not last long）。

【现代汉语译文】

一个人生在太平盛世是很幸运的，但到了晚年，这样的太平日子恐怕就不会持续了。

【句式、话题析解与翻译建议】

此话段由对偶句式构成，话题为偏正结构"太平"与主谓结构"年老"，其中有转折与因果隐含，表达了生在太平时期的幸运，晚年临近幸福时光不可持续的道理。翻译成英语，可采用 but 这一顺接连词把原语的两个句子连接起来，从而将原语的比较隐含转达出来；采用 when 引导的条件状语可使其中的条件关联得以体现，通过目的语的形式结构表达出原语的意义隐含。

Chinese-English Version

One is lucky if he was born in time of peace and tranquility, but such a period perhaps will not last too long when he becomes old some day.

国乱^[1] 思^[2] 良将^[3]，家贫^[4] 思贤妻^[5]。

国乱[1] 思[2] 良将[3]，家贫[4] 思贤妻[5]。

【词、句注译】

[1] 国乱：国家在战乱之时（a country in time of war）。

[2] 思：想到、想念（to think of; to be expected）。

[3] 良将：了不起的将领（great generals）。

[4] 家贫：家庭困顿之际（a family in time of poverty）。

[5] 贤妻：贤良的妻子（a wife of virtue）。

【现代汉语译文】

在戡乱之时，国家就会想到良将的好处；在贫困之际，家里就希望有位贤妻来维系家庭。

【句式、话题析解与翻译建议】

此话段由对偶句式构成，其话题由主谓结构"国乱"和"家贫"导出，其中的因果关系隐含是明显的，表达了"良将"或"贤妻"对国家或家庭之重要的道理。翻译成英语，采用具有原因状语的主从复合句式能较好地将原语的功能比较贴切地表达出来，并把不同的话题置于不同的话段之中，保证原语信息清晰有效地表达，以提高译语在译语读者中的接受度。

Chinese-English Version

In time of war, brave generals are expected by the nation since they can appease the country.

In time of hardships, a wife of virtue is welcomed by the family because she can manage the household affairs.

池塘积水^[1] 须^[2] 防旱^[3]，
田土深耕^[4] 足养家^[5]。

【词、句注译】

[1] 积水：蓄满水（to store water to full）。

[2] 须：为的是（for the purpose of）。

[3] 防旱：防止干旱（to be preventive against drought）。

[4] 田土深耕：对土地深耕细作（to deeply plow the soil and manage it finely）。

[5] 足养家：足够养家糊口（to support the family; to make one's hand and mouth meet）。

【现代汉语译文】

平常池塘蓄满水为的是防止干旱，每年对土地深耕细作为的是多打粮食以养家糊口。

【句式、话题析解与翻译建议】

此话段由对偶句式构成，话题分别为动宾结构"积水"与偏正结构"深耕"，说明了"积水"与"深耕"可保证多收粮食以养家糊口的道理。将其翻译成英语时，虽然句中暗含的都是人的行为，但用非人称的不定式结构可将此话段中人的行为凸显出来，通过译语的形式结构去再现原语的信息与功能，尽可能在结构上靠近译语的思路，提高译语读者对原语信息的接受度就有望成为现实。

Chinese-English Version

To store water to full in the pond is preventive against the occurrence of drought; to deeply plow the soil and manage it finely is to harvest more grain to support the family.

根深 [1] 不怕风摇动，
树正 [2] 何愁月影斜 [3]。

【词、句注译】

[1] 根深：树根扎得深（a tree deeply taking root）。

[2] 树正：树干长得直（a tree's stem growing straight）。

[3] 影斜：影子的歪斜（the slant shadow of a tree on the ground）。

【现代汉语译文】

树根扎得深了，再大的风也撼动不了；树干长得直了，就不怕月光映在地上的影子是斜的。

【句式、话题析解与翻译建议】

此话段由对偶句式构成，话题包括主谓结构"根深"与"树正"，其中具有条件隐含，还有隐喻表达，体现了根深何惧风来急，身正哪怕影子斜的道理。翻译成英语，用含译语条件状语这一主从复合结构将原语的信息与功能进行转换，采用拟人化的方式可折射出原语语言背后的隐喻表达，最大限度地满足译语读者的期待视野。

Chinese-English Version

When it takes root deeply, a tree fears not the strong wind; when its stem grows straight, the tree needs not to worry that its shadow on the ground is aslant.

学在一人之下 [1]，用在万人之上。
一字为师 [2]，终身如父 [3]。

【词、句注译】

[1] 学在一人之下：在一个人那里学习（to learn what is instructed by one man）。

[2] 一字为师：即使从他那里学到点滴知识（even if one learns scanty knowledge from the man）。

[3] 如父：可作为父亲般来对待（in one's life, one shows reverence for his teacher, regarding him as his own father）。

【现代汉语译文】

从一个人那里学到的东西，可以应用在千万人身上。即使老师仅教会你点滴知识，你也要像尊敬父亲那样一辈子尊敬他。

【句式、话题析解与翻译建议】

此句段的前面部分为陈述句式，后面部分为四字格陈述句对。动词"学""用"为前半句的话题，偏正结构"一字""终身"为后半句的话题。按中国的传统，一个人哪怕从另一个人那里学到一点点知识，都得一辈子尊敬他，强调了人们崇尚知识的情怀，表达了尊敬老师的社会习尚。将其翻译成英语时，前面部分不妨用不定式短语当句子主语，从而构成陈述句式。后面部分则揭示出句子的隐含意义，即把让步含义挖掘出来，用 even if 加以引导，翻译成主从复合句。这样就使句子中的深层意义得以浅化，从而满足译语读者理解的需要。

Chinese-English Version

To learn what is instructed by one person is applicable to thousands of other people. Even if one learns a scanty knowledge from a teacher, he should, in all his life, revere the former just as he respects his own father.

莫怨 [1] 自己穷，穷要穷得干净；莫羡 [2] 他人富，富要富得清高 [3]。

【词、句注译】

[1] 莫怨：不要埋怨（to never complain about）。

[2] 莫羡：不要艳羡（not to admire）。

[3] 清高：指品德高尚，不同流合污（to be of purity and nobility）。

【现代汉语译文】

不要埋怨自己贫穷，穷要穷得有气节；不要羡慕他人富有，富要富得纯洁高尚。

【句式、话题析解与翻译建议】

此话段由两组对偶句构成，话题为形容词"穷"和"富"，其中具有祈使隐含，告诫人们"穷"也得安分守己，不做偷鸡摸狗之事；"富"有富的风范，不干有失体统之事。翻译成英语，不妨采用英语的祈使句式，使汉英两种语言不仅在形式结构上，而且在功能上实现有效对应，以保证译语读者通过其形式结构接收到准确的信息。

Chinese-English Version

Never complain about your own poverty. Moral courage is needed especially when you are coming down in the world. Do not admire others for their wealth. Purity and nobility are still in need when wealth comes to visit you.

别人骑马我骑驴，仔细思量^[1] 我不如。等我回头看，还有挑脚汉^[2]。

别人骑马我骑驴，仔细思量[1] 我不如。
等我回头看，还有挑脚汉[2]。

【词、句注译】

[1] 思量：想一想（to think; to ponder）。

[2] 挑脚汉：挑夫；挑担的人（porter）。

【现代汉语译文】

他人骑大马我骑毛驴，仔细想想，我的确不如他。回头看了看，还有不如我徒步肩挑的人呢。

【句式、话题析解与翻译建议】

此话段是个陈述句式，巧妙地告诫人们不要有攀比心理，做好自己就好，要懂得知足常乐的道理。翻译成英语，可以根据字面的意思来翻译，保证其中的道理能在字里行间得到表达，这样译语读者理解起来也就不会有什么难处了。

Chinese-English Version

Others ride stallions but I ride a donkey. I think I am inferior to them in deed, but as soon as I look backward, I would find that there are a lot of people who walk on foot, shouldering burdens.

作善^[1] 鬼神钦^[2]，作恶^[3] 遭天谴^[4]。

【词、句注译】

[1] 作善：做善事（doing something good）。

[2] 鬼神钦：鬼神都钦佩（admired by gods and ghosts）。

[3] 作恶：做坏事（doing something evil）。

[4] 遭天谴：受到老天惩罚（to be punished by the Heaven）。

【现代汉语译文】

做善事连鬼神都会钦佩，做坏事必会遭到老天的谴责。

【句式、话题析解与翻译建议】

此话段为典型的对偶句，具备了劝诫功能。动宾结构"作善"与"作恶"是其中的两个话题，说者把行善与作恶做了两相对照，劝诫人们善事可为、恶事莫做。翻译成英语，可采用译语的连接词语 while 引导出对比状语从句，以反映不同的结果，来尽量满足译语读者理解与接受的需要。

Chinese-English Version

Doing good deeds touches gods and ghosts while doing something evil is to be condemned by the Providence after all.

人亲^[1]财不亲，财利^[2]要分清。

人亲[1]财不亲，财利[2]要分清。

【词、句注译】

[1] 亲：亲密关系（affinity relation）。

[2] 财利：钱财利益（money and interests）。

【现代汉语译文】

人与人有亲疏之别，但财无亲疏，即使亲人之间，钱财利益也要分清楚。

【句式、话题析解与翻译建议】

此话段由两个平行的对偶句式构成，主谓结构"人亲"和联合结构"财利"是本话段的两个话题，其中有让步隐含，告诫人们涉及钱财之类的敏感问题或切身利益的时候，谨慎绝不多余，免得招致反目成仇的结局。将其翻译成英语时，表让步隐含的词语如 even though 不可或缺，可用一个简单句把原语的两个句子加以整合，使意思明了直白，以照顾译语读者的需要。

Chinese-English Version

Money and interests need clarifying even though among affinity relatives.

十分伶俐[1]使七分，常留三分与儿孙；若要十分都使尽[2]，远在儿孙[3]近在身[4]。

【词、句注译】

[1]伶俐：聪明（cleverness）。

[2]使尽：用尽（to use something up）。

[3]远在儿孙：远的说到儿孙（so far as one's grandchildren are concerned）。

[4]近在身：近的说到自己（so far as one is concerned）。

【现代汉语译文】

十分的聪明用上七分就行了，留几分给儿孙吧；如果十分聪明都用尽了，那就会聪明反被聪明误，说得近一点会耽误自己，说得远一点会殃及子孙后代。

【句式、话题析解与翻译建议】

此话段由陈述句式构成，联合结构"伶俐"为本话段的话题，具有祈使语气和条件隐含，警示天下长辈不应独享聪明才智，而应让聪明才智代代相传、连绵不息。翻译成英语，首先使用祈使句式把警示意味转达出来；其次用条件句式加以表达，建立起逻辑关联，最大限度地将原语中的有效信息和功能转达出来，以帮助译语读者消除原语中文化因素造成的干扰。

Chinese-English Version

Please use seven tenths of your cleverness and leave three tenths to your grandchildren. If you use your cleverness up, then you will perhaps be hurt by your own cleverness. In other words, you might be hurt by your own cleverness on one hand; on the other, your grandchildren might be hurt by your cleverness, too, if you do not follow up this piece of advice.

君子^[1]乐得做君子，
小人^[2]枉自^[3]做小人。

【词、句注译】

[1] 君子：高尚之人（a man with noble character）。

[2] 小人：卑鄙之人（a base person; a villain）。

[3] 枉自：心甘情愿地（to be willing to do; would like to）。

【现代汉语译文】

高尚的君子自愿高尚，卑鄙的小人自甘卑鄙。

【句式、话题析解与翻译建议】

此话段由对偶句式构成，"君子"和"小人"是其中的话题，具有转折隐含，表达了"君子"和"小人"各自的人生态度，可谓人各有志。世间之事说来正常，有人乐于做正人君子，有人却愿意做卑鄙小人。但做君子的就得以此为乐，做好分内之事；做小人的也就只能任其自然了。翻译成英语，不妨用 while 一词引导，将两个具有转折隐含的并列句式加以结合并形成对照，达到句式上的平衡，使译语能够顺应读者理解的需要。

Chinese-English Version

Let a noble man always do something noble while let a villain always do something disdainful.

好学者 [1] 则庶民 [2] 之子为公卿 [3]，
不好学者则公卿之子为庶民。

【词、句注译】

[1] 好学者：喜欢学习 / 读书的人（a person who is fond of learning）。

[2] 庶民：老百姓（common people; populace）。

[3] 公卿：官员（high-ranking officials）。

【现代汉语译文】

好学的人即使是平民之子，将来也可能做大官；不好学的人即使是公侯之子，日后也可能会破落成平民。

【句式、话题析解与翻译建议】

此话段为两个陈述句式，偏正结构"好学者"与"不好学者"是本话段的话题，也是主语，句中具有让步隐含。该话段反映了个人的好学与否有可能使自己的命运进程不因出身而改变，类似于英雄何必问出处的道理。翻译成英语，可采用定语从句的形式对"好学者"与"不好学者"进行描述；同时，可通过表让步的句式把其中的让步意义加以转达，这恐怕为译语读者更期待。

Chinese-English Version

A person who is fond of learning will possibly become a high-ranking official sooner or later even though he is from a populace family; a person who hates learning will possibly become a civilian in not long a future even if he is born and bred in a family of nobility.

但求 [1] 心无愧 [2]，不怕有后灾 [3]。

【词、句注译】

[1] 但求：只求（expect only）。

[2] 无愧：不惭愧（not to be ashamed）。

[3] 后灾：可能降临的灾害（coming disasters; disasters to come）。

【现代汉语译文】

如果凡事做到问心无愧，就不怕日后有灾难降临。

【句式、话题析解与翻译建议】

此话段由无主句构成，其中的话题是"只求"和"不怕"，具有条件隐含，叙述了人们的心理期待，体现了只要不做亏心事，内心自然就没什么好怕的道理。将其翻译成英语时，尽管原文从形式看貌似没有条件关系存在，前后句中的条件隐含却还是存在的，使用条件句式进行表达最为关键，因为它有助于译语读者对深层意义的理解。

Chinese-English Version

If you do everything perfectly, you won't be ashamed / abashed even if there are disasters to come.

惜钱 ^[1] 莫 ^[2] 教子，护短 ^[3] 莫从师 ^[4]。

【词、句注译】

[1] 惜钱：舍不得花钱（to grudge money; to be reluctant to spend money）。

[2] 莫：不要（not）。

[3] 护短：庇护缺点（to cover one's mistake）。

[4] 从师：跟随老师学习（to follow a master; to learn from a teacher or master）。

【现代汉语译文】

爱惜钱财，就不会教育好自己的子女；庇护子女的缺点，就没必要让他们向老师学习。

【句式、话题析解与翻译建议】

此话段是由对偶句式构成，话题分别为动宾结构"惜钱"和"护短"，其中的条件隐含显而易见，表达了意欲教育好孩子，既要舍得钱财，又不应护短，这才是两全之策。翻译成英语，要把其中的前提条件予以体现，采用条件隐含的主从复合句式是较为理想的选择，原语句子所隐含的功能只有以这种方式才能更好地得到体现，才能把帮助译语读者理解落到实处。

Chinese-English Version

If you value your money and properties too much, you are unable to educate your children well; if you are reluctant to protect your children's faults from being exposed, you can't let your children follow a teacher / master.

只有和气 [1] 去迎人 [2]，
哪有相打 [3] 得太平 [4]?

【词、句注译】

[1] 和气：客气；友善（friendship; harmony）。

[2] 迎人：待人（to treat others）。

[3] 相打：彼此干仗；武力对峙（to fight against each other）。

[4] 太平：和平时期（a peaceful period; a peaceful era）。

【现代汉语译文】

只有和和气气地去对待周围的人，才能过上安稳日子，经常打打骂骂哪有太平日子可过呢？

【句式、话题析解与翻译建议】

此话段由对偶句式构成，前后两句形成了比较好的押韵。其中的话题分别是偏正结构"和气"和连动结构"相打"，具有条件关系隐含，说明了"和气"是"太平"的前提条件。翻译成英语，必须采用译语的条件句式才能体现出其中的隐含意义，从而通过译语的形式结构转达出原语的信息与功能，以满足译语读者的期待视野。

Chinese-English Version

Only if you treat the people around you in a friendly way, your life can be smooth and steady. If you scorn and scold them more often than not, how can you keep your life in peace?

忠厚^[1]自有忠厚报，豪强^[2]一定受官刑^[3]。

【词、句注译】

[1] 忠厚：忠心厚道之人（faithful and honest men; loyal men）。

[2] 豪强：巧取豪夺的人（tyrant; despot）。

[3] 官刑：国家制定的法律（the law）。

【现代汉语译文】

忠厚老实的人自然会有好的回报，巧取豪夺的人日后必定会受到法律的严惩。

【句式、话题析解与翻译建议】

此话段由对偶句式构成，其中的话题是联合结构"忠厚"与"豪强"，具有转折隐含，表达了忠实本分有好报，巧取豪夺必受惩的道理。将其翻译成英语时，如何将原语彼此独立的形式通过译语建立起比照关系以表达转折隐含是十分关键的，使用 whereas 这一表对比关系的连接词引导出对比关系，从句便能较好地使隐含关系得到表达，译语读者的接受度也随之提高。

Chinese-English Version

An upright and honest person will naturally be well rewarded whereas a person who takes away things by force or trickery will surely be punished by the law some day.

贫寒^[1] 休要怨^[2]，富贵不须骄^[3]。

【词、句注译】

[1] 贫寒：贫穷困苦（poverty or distress）。

[2] 怨：抱怨（to complain about; to grumble about）。

[3] 骄：骄傲；骄横（proud; arrogant）。

【现代汉语译文】

家里贫寒不要怨天尤人，家中富贵切勿骄傲自满。

【句式、话题析解与翻译建议】

此话段为表对偶关系的并列句，其话题是"贫寒"与"富贵"，具有让步隐含，表达了无论贫穷还是富裕，都要把持得住自己的道理。将其翻译成英语时，最好的做法是把其中的隐含条件交代清楚，用 even if 这一译语连接词将原语中蕴含的让步关系表达出来，译语读者读来就不会有什么困难了。

Chinese-English Version

Do not grumble about the Heaven and lay the blame upon other people even if you are poor; don't be arrogant or self-conceited even if you are affluent.

善恶[1]随人作[2]，祸福自己招[3]。

【词、句注译】

[1] 善恶：善事或恶事（good deeds or evil deeds）。

[2] 随人作：按自己的意愿做（to do something out of one's own will）。

[3] 招：招致；造成（incur; bring about）。

【现代汉语译文】

好事坏事是自己做出的，是祸是福是自己招来的。

【句式、话题析解与翻译建议】

此话段由对偶句式构成，其中的话题为联合结构"善恶"和"祸福"，表达了好坏均由自己造成，后果也得自己承担的道理。将其翻译成英语时，由于原语已经把宾语前置，行为的执行者依然是清晰的，译语采用强调句型符合译语的表达习惯，用并列关系的形式则表明前后句的关系并不代表孰重孰轻，照顾到原语和译语在结构方面的对应，从而使两者在信息对称方面能比较充分地形成匹配，消除译语读者理解障碍。

Chinese-English Version

It is man himself who does good things or bad ones;it is man himself who brings upon good luck or bad luck.

奉劝君子，各宜守己 [1]；
只此呈示 [2]，万无一失 [3]。

【词、句注译】

[1] 各宜守己：各自宜于安分守己（to abide by the law or to behave oneself）。

[2] 只此呈示：把以上内容在此呈现出来（you have been hereby informed of all the previous contents）。

[3] 万无一失：不出任何差错（without making any mistakes）。

【现代汉语译文】

奉劝天下诸君，凡事都要安分守己，要是能做到上面的一切，就可以保证你万无一失。

【句式、话题析解与翻译建议】

此话段由对偶句式构成，其中的话题为连动结构"奉劝"与"呈示"，具有祈使和条件隐含，表明了说者的拳拳之心。翻译成英语，借助译语的形合手段，即译语的呼语形式和带条件状语的主从复合句式，使原语中的语言文化信息得到显化，实现两种语言在语言信息和文化功能上的最大化对接，为译语读者准确把握原语所折射的语言及文化功能提供便利。

Chinese-English Version

Dear gentlemen, you are advised to abide by the law and behave yourselves all the time.

If you can follow what you are told here, your life is assuredly peaceful and auspicious.

后　记

　　在过去的岁月中，国内无数学者热衷于中华典籍的研究，许多出版机构也不失时机地推出各种中华典籍的注释作品及汉英翻译作品。学者们精心耕耘、不懈研究，令人感佩。过往众多出版单位推介的典籍著作直接或间接地使本书注译受益。多年来，本人在对翻译专业硕士研究生进行中华典籍英译教学之余，热衷于中华典籍的梳理与探究，对《增广贤文》更是兴趣盎然。过去的三五年中，众多学生在课堂上与我一同分享过书中的精辟言辞，一同探讨过书中鞭辟入里的格言，一同领略过书中精妙绝伦的隽句。在那样的时刻，我们时常会为之倾心，有感而发，有时禁不住拍案叫绝。每当我们对某个片段有了顿悟、了解其意并十分传神地将它们转换成英语时，我们是多么地欣喜若狂。因此，把《增广贤文》内容的分析、阐释、讲解、译注成果付梓并不是什么突发奇想。之所以产生这种念头，还源于一批批翻译专业的硕士生，他们赞许的目光使我拥有了信心与勇气来完成此书的注译。感谢他们与我一同度过了值得铭记的畅游译海的时光。这里还要感谢兰林锋教授，他在百忙之中认真阅读完本书注译的全文，并提出了诚恳而富有成效的见解，使本次注译多了一份踏实。这里还得感谢社会科学文献出版社国别区域分社张晓莉社长及其同人邓翊女士，感谢她们为我提供了这样一个平台，令我有机会与朋友们分享中华典籍《增广贤文》注译所带来的无穷乐趣。

图书在版编目（CIP）数据

《增广贤文》当代汉英注译 / 李英垣著. -- 北京：
社会科学文献出版社, 2020.7
ISBN 978-7-5201-6394-1

Ⅰ.①增…　Ⅱ.①李…　Ⅲ.①古汉语－启蒙读物②《
增广贤文》－注释－汉、英③《增广贤文》－译文－汉、
英　Ⅳ.①H194.1

中国版本图书馆CIP数据核字（2020）第042048号

《增广贤文》当代汉英注译

著　　者 /	李英垣
出 版 人 /	谢寿光
组稿编辑 /	张晓莉　叶　娟
责任编辑 /	邓　翃
出　　版 /	社会科学文献出版社（010）59367078 地址：北京市北三环中路甲29号院华龙大厦　邮编：100029 网址：www.ssap.com.cn
发　　行 /	市场营销中心（010）59367081　59367083
印　　装 /	三河市尚艺印装有限公司
规　　格 /	开 本：787mm×1092mm　1/16 印 张：18.75　字 数：277千字
版　　次 /	2020年7月第1版　2020年7月第1次印刷
书　　号 /	ISBN 978-7-5201-6394-1
定　　价 /	128.00元

本书如有印装质量问题，请与读者服务中心（010-59367028）联系